貿易戰爭

誰獲利？誰受害？

解開自由貿易與保護主義的難解之謎

A Fable of Free Trade and Protectionism, 3rd Edition

The Choice

暢銷書《愛上經濟》、《身為人》作者

羅素・羅伯茲（Russell Roberts）——著　江麗美、劉琳娜、欒曄——譯

經濟趨勢 69

貿易戰爭

誰獲利？誰受害？解開自由貿易與保護主義的難解之謎

（原書名：貿易的故事）

作　　者　羅素・羅伯茲（Russell Roberts）
譯　　者　江麗美、劉琳娜、欒曄
責任編輯　許玉意、林博華
行銷業務　劉順眾、顏宏紋、李君宜
總 編 輯　林博華
發 行 人　凃玉雲
出　　版　經濟新潮社
104台北市中山區民生東路二段141號5樓
電話：(02) 2500-7696　傳真：(02) 2500-1955
經濟新潮社部落格：http://ecocite.pixnet.net
發　　行　英屬蓋曼群島商家庭傳媒股份有限公司城邦分公司
104台北市中山區民生東路二段141號11樓
客服服務專線：02-25007718；25007719
24小時傳真專線：02-25001990；25001991
服務時間：週一至週五上午09:30~12:00；下午13:30~17:00
劃撥帳號：19863813　戶名：書虫股份有限公司
讀者服務信箱：service@readingclub.com.tw
香港發行所　城邦（香港）出版集團有限公司
香港灣仔駱克道193號東超商業中心1樓
電話：(852) 25086231　傳真：(852) 25789337
E-mail: hkcite@biznetvigator.com
馬新發行所　城邦（馬新）出版集團 Cite (M) Sdn Bhd
41, Jalan Radin Anum, Bandar Baru Sri Petaling,
57000 Kuala Lumpur, Malaysia.
電話：(603) 90578822　傳真：(603) 90576622
E-mail: cite@cite.com.my
印　　刷　漾格科技股份有限公司
二版一刷　2019年8月6日
二版二刷　2019年8月21日

城邦讀書花園
www.cite.com.tw

ISBN：978-986-97836-2-0

定價：340元
Printed in Taiwan

〔編者前言〕

在貿易戰當中，學一點經濟學

經濟新潮社編輯部

自從美國總統川普於二〇一八年開始對中國的進口商品開徵關稅（先是鋼、鋁，再擴及其他），乃至於以國家安全為由，限制美國企業供貨給華為等中國科技公司，從貿易戰延伸到科技戰。表面的原因是，美國對中國長期以來的鉅額貿易逆差、就業機會的喪失，乃至於中國竊取美國的智慧財產權、強制技術轉移、市場准入限制等等不公平的貿易條件；深層原因還是在於，美國欲壓制中國成為科技霸權、經濟軍事霸權，更參雜了對於中國人權狀況之不滿等因素。

自由貿易，可能是最接近所有人可以共存共榮、一同往「全民致富之路」邁進的一種經濟型態。但是當然，世界上沒有自由貿易這回事（自從有國際貿易以來關稅不曾消失）。同時，自古以來的貿易紛爭，不論參與的是哪些國家、手段是關稅或是其他形式，都和經濟利益、國家之間的政治角力、利益團體息息相關。

也因此，我們重新出版此書，定名為《貿易戰爭》，以探究貿易，以及保護主義政策的本質與效應。先搞清楚關稅一課下去，誰來付關稅（基本上是進口商）、誰拿到稅收（當然是政府）、價格會提高多少？貿易量、消費量會減少多少？消費者的損失呢？更別提課稅所需的行政成本。受到關稅保護的本國產業，或許一時更蓬勃發展，但是長期呢？關稅總是會帶來一些扭曲效果，也有些是肉眼看不到的代價。從這些問題開始了解，相信您一定能有所收穫，並更能體會自由在經濟事務，以及人類社會當中的意義。

若是覺得本書有趣，還可以再讀作者羅素．羅伯茲的另外兩本書，同樣是以小說的形式寫成：《愛上經濟》（關於自由經濟與大政府思維的暢快辯論）、《價格的祕密》（探討價格機能、市場的運作方式，論述上更為深入），相信不會令您失望。

【目錄】

初版推薦序

劉碧珍

在全球化、國際化風潮之下，每個人日常生活與國際貿易間的關係有日益密切的趨勢，舉凡眼睛所看（例如ＩＢＭ電腦）、耳朵所聽（例如Bose音響）、口中所食（例如富士蘋果）、手上所用（例如Swatch手錶）、腳上所踩（例如Nike運動鞋），都是透過國與國間的交換而來；即使是台灣自行產製的裕隆汽車，其所使用的引擎與部分零組件，也來自進口。儘管日常生活與國際貿易息息相關，然而國際貿易理論所用的經濟圖形與術語，常使得想一窺國際貿易究竟的人望之卻步；而一般教科書著重理論式的教導，亦可能使得學習國際貿易理論的人，雖一知半解而不自知。

本書脫離國際貿易理論式的說教，拋棄艱澀的經濟圖形與術語，以小說的方式，透過發生在大衛．李嘉圖（知名經濟學者，亦是「比較利益原理」的原作者與自由貿易的追求者）

以及艾德·強森（一位試圖捍衛美國生產與就業的貿易保護主義者）之間的一個引人入勝的故事，清楚地闡釋自由貿易的精神與意義、評論保護主義的謬誤所在，並透過兩人之間一來一往的對話、深入淺出的例子，以及今昔反覆的比較與雙向的論辯，不僅逐一解答艾德·強森心中的種種困惑，亦巧妙地釐清許多報章雜誌上似是而非的論點。對於未曾涉獵經濟理論但想了解貿易相關問題與基本概念的人，這是一本入門的書；對於欲了解台灣過去經濟奇蹟以及近年來經濟發展所面臨困境的人，這本書亦發人深省。

台灣昔日雖拜歐美市場開放之賜，獲得輝煌的經濟發展成果，成為自由貿易的受益者；但對於絕大多數的台灣人民而言，勤奮與靈活的民族特性，配上極佳的世界貿易舞台，其所造就的台灣經濟奇蹟，似乎是極其自然的發展結果；而對那些從小在優渥環境中成長的年輕一輩而言，持續往日的富裕，更成了每個人心中必然的期待。然而曾幾何時，雖勤奮與靈活的民族性依舊，但這美麗的期待卻開始受到侵蝕與挑戰。當中國大陸積極開放所產生的磁吸效應開始發酵，使得貿易進一步自由化之際，這一切便變得不一樣了：不僅台灣不具生產優勢的勞力密集產業，因喪失比較利益而外移，即使是台灣仍具優勢的產業，也為因應全球化風潮，而赴海外投資、進行全球佈局。磁吸效應下的廠商外移以及失業率的驟增，對於亟待調整與升級的台灣產業結構而言，無疑是雪上加霜。自由貿易與對外投資是否會給台灣帶來負面經濟衝擊的疑慮，開始在一般市井小民中蔓延，而保護主義的暗流也因此慢慢形成。對於曾是世界自由貿易最大受益者之一的台灣而言，究竟應加速貿易自由化，抑或豎起保護主義之牆？或在兩者之間取得一個平衡，才是符合台灣長遠的利益？讀者在看完本書之後，或許可獲得一些啟示。

（本文作者為國立臺灣大學經濟系教授）

原文第三版序

本書在九〇年代初首次出版時，當時美國人憂心日本會威脅到國內的生活水準。二版寫於北美自由貿易協定（NAFTA）通過之後，時值美國人擔心墨西哥會威脅到自身的生活水準。他們創造出來的這些威脅與恐懼終究成了過眼雲煙。如今美國人害怕中國與印度。我相信人們總是會認清，這些恐懼也是多餘。

在第三版中，我作了部分的增修與調整，以探討中國與印度逐漸成長的經濟力量。美國和日本及墨西哥之間的貿易隱憂到頭來證實極不正確，同樣地，我也不相信中國與印度對美國的經濟會形成什麼威脅。事實正好相反，美國與這兩個國家的貿易對大多數美國人都是有利的。與中國及印度進行貿易，會讓美國在財務上成為一個更富有的國家，而且人們將更有機會過著充實而有意義的生活。

新版除了盡可能將各種資料更新到二〇〇五年，同時增添若干章節，例如美國的製造業在經濟上扮演的角色、工作外包的經濟效應，以及世界銀行及國際貨幣基金會在幫助窮國對抗貧窮時的表現。我還試著改良有關比較利益的討論，並將部分資料移到我認為最合理的地方。

羅素・羅伯茲（roberts@gmu.edu）
喬治梅森大學（George Mason University）
維吉尼亞州費爾費克斯市（Fairfax, Virginia）

二〇〇六年五月

人物介紹

大衛．李嘉圖（David Ricardo）

英國知名經濟學家，被公認為經濟學領域裡推論演繹法（deductive method of analysis）最偉大的實踐者之一，且是「比較利益」理論的奠基者。他於一七七二年四月十八日出生於倫敦一個傳統的猶太家庭，十一到十三歲間，他在阿姆斯特丹一間葡萄牙猶太教堂附屬的小學念書。當大衛．李嘉圖成為「神體一位論派」（Unitarian）的基督教徒並於一七九三年娶了一位貴格會（Quaker）信徒後，他開始和家庭疏遠。他最初於一七八六年受雇於其父在倫敦證券交易所工作，並於一七九三至一八一六年間在那裡獨立經營。到一八一三年，他已經累積了一大筆財富，此後便退出了商界。從一八一九年起，他作為塔林頓港（Portarlington）

的代表在下議院任職，直到一八二三年九月十一日在格洛斯特郡（Gloucestershire）去世為止。大衛·李嘉圖最著名的作品《政治經濟學和賦稅原理》（*On the Principles of Political Economy and Taxation*）於一八一七年首次出版。

艾德·強森（Ed Johnson）

一九一七年出生於伊利諾州的星星鎮。一九三九年在伊利諾大學獲得工程學學位。第二次世界大戰期間，艾德·強森在軍隊中服役晉升陸軍少校軍銜。由於在諾曼第登陸計畫的奧瑪哈海灘（Omaha Beach）行動中表現英勇，被授予銀星勳章。戰後他回到伊利諾州星星鎮，在史泰勒電視機公司工作。一九五五年他被任命為這家公司的總裁。一九四八年與瑪莎·海爾門結婚，育有兩名子女：史蒂芬與蘇珊。

作者聲明

史泰勒（Stellar）電視機公司、伊利諾州的星星鎮（Star）及其居民，以及眾議員法蘭克・貝茲（Frank Bates），完全基於作者的想像虛構，如有雷同純屬巧合。但除此之外的所有企業和人物均是按照真實情況記述的。我試圖盡可能準確無誤地描摹這些人物事件乃至整個美國經濟。資料來源編排在本書結尾。

1 天堂法庭的審訊紀錄：大衛・李嘉圖的靈魂

初次審訊

時間：一八二三年九月十一日

法官：請詳述你的相關經歷。

被告：我出生於一七七二年，名叫大衛・李嘉圖。這名字是我已逝的母親依以色列大衛王（King David，也是聖歌作者）的名字而命名的。她……

法官：李嘉圖先生，少說點抒情，多說點事實。職業？

被告：我以前主要是一個金融業者，後來從政。

法官：大聲點，李嘉圖先生。你的職業不會對你產生不利的影響。你認為在你有生之年最大的成就是什麼？

被告：我的「比較利益」（comparative advantage）理論。我在一八一七年出版的《政治經濟學和賦稅原理》一書中概括了這一理論的要點。該理論指出國家如何從自由貿易中獲利。另外，身為英國國會的議員，我花了大量時間闡述貿易保護主義的危害和自由貿易的好處。

法官：你的觀點受到注意了嗎？

被告：還沒有，不過我相信將來……

法官：夠了，李嘉圖先生。你被判處一段時期的流放，直到有進一步證據提交法庭。

請求重審

時間：一八四六年十二月十八日

法官：李嘉圖先生，你要求重新審訊，並提交你認為與你的案子有關的其他證據？

被告：是的。我很高興地報告：在人間，我的祖國英國已經廢除了使英國農民免受外國競爭威脅的「穀物法」。我請求法庭考慮重新開庭審理我的案子。

法官：請求被駁回。現在判斷此一轉變是暫時或永久還言之過早。況且，英國以外幾乎所有的國家不是都還實行著嚴格的貿易限制嗎？

被告：是的，不過……

法官：到此為止吧，李嘉圖先生。

請求回到人間

時間：一九六〇年七月十三日

法官：李嘉圖先生。你請求給你一個機會介入人間事務，並結束你的流放生涯。請問有什麼正當理由嗎？

被告：我相信，美國將要實行對其經濟具有破壞性的貿易保護主義政策。我請求給我一個晚上的時間，讓我回到地球，幫助美國走向自由貿易和經濟繁榮之路。

法官：請求照准。你要知道，李嘉圖先生，一個流放者在緩刑期間只有一次下凡的機會。

被告：是的，先生。我有信心……

法官：就這樣吧，李嘉圖先生。祝你好運，一路順風。

2 外國競爭的挑戰

「我們的工廠剛開工時，一個工人每星期賺五十美元，而在威利電器行，一台史泰勒電視賣兩百五十美元。如此一來，一個工人要工作五個星期才能賺到一台電視。現在，工廠裡的一般工人每星期賺一百美元，而在威利電器行買一台史泰勒電視要兩百美元。兩個星期賺一台電視。我們的一個工人要工作多少時間才能買一台我們自己的產品，這就是我用來衡量我們成功的標準。這數字從我們開始經營的第一年起就不斷下降。」

這是艾德．強森在一九五九年——我回到人間的前一年——說的。艾德是史泰勒電視機公司的首席執行長。他們的總部在伊利諾州的星星鎮，也是我回到地球這一夜的目的地。如果你在死了一百三十七年之後，能再回到地球一晚，你也許不會選擇去伊利諾州這個只有十萬人的小鎮。不過，艾德．強森和星星鎮掌握著開啟我的未來和美國未來的鑰匙。在我下界之前，你可能希望了解一下艾德和他公司的情況。

艾德是在公司年度野餐時發表上述談話的。野餐每年都在強森公園舉辦，這個公園是以他父親——公司創始人——的名字命名的。艾德總是在野餐會上玩得很盡興。他帶著全家人前來，在打壘球時常把褲子撕成兩半，津津有味地大吃炸雞和馬鈴薯沙拉。艾德和工人們的關係很好，他高中時就在這家工廠工作了，那時他還沒上大學去學工程學。史泰勒在全國還有另外三家工廠，不過在星星鎮這家是最大的。在生意好的月份，廠裡的五千名工人可以生產八萬台電視。

你可以從艾德的談話中察覺到，他頗為自己的公司感到自豪。但是在回家的路上，他的妻子瑪莎感覺到出了什麼事。等到兩個孩子跑到前面聽不到他們的談話時，她問艾德：「什麼事讓你心煩，親愛的？」

「外國的競爭。日本電視正進入美國。我這個月幾乎要解雇工人了，我還可能要降低工資，推翻我下午所說的話。」

「噢，親愛的，你在開玩笑。人們都知道『日本製造』等同於劣等貨，沒人會去買日本電視的。」

「現在已經有人買了。」

艾德徹夜難眠，第二天一早便開車前往芝加哥，再搭飛機到華盛頓，與他選區的國會議員法蘭克・貝茲見面。艾德要求限制日本電視的進口。消除來自外國的競爭，可以保證他工人的工作和工資不受損失。

「好吧，艾德，我還不大明白。你對我一直很好，在競選時鼎力相助，對此我很感激。但是提這種議案很難辦到。人們想要一個公平的競技場，競爭是美國的生活方式。在和日本人競爭時採取強硬立場，看起來可不大光彩。」

「真是無稽之談，法蘭克。是我們發明了電視，日本人從我們這兒把它偷了去，現在他們又在偷我們的工作機會。如果好工作都歸日本人，那我們拿什麼來替代？這對星星鎮將有何影響？而那些在芝加哥供應我們的廠商又該怎麼辦？如果史泰勒電視機公司倒閉，麻煩不會在星星鎮結束，而是剛剛開始！我們不能讓日本人超過我們。如果我們的電視機工業消失，他們將會包攬未來所有的電器產品。」

「我知道了，艾德。嘿，我可是在太平洋戰場上打過仗的。聽著，艾德，現在不少人估計我有相當大的機會入主白宮，我不想因為什麼貿易議案耽擱了我的前程。讓我先進白宮，然後我才能幫你。」

「如果你的家鄉父老都入不敷出了，你怎麼競選總統？這樣一個議案恰恰可以讓你入主白宮。你只需恰如其分地解釋它：買美國產品會使美國人重新富起來。」

「你這樣說來倒有點道理。讓我再仔細想想。」

法蘭克・貝茲重新考慮了一下，決定提出這項禁止進口外國電視機的議案。每個月有八萬台嶄新的電視從史泰勒電視機公司的生產線上誕生，每個月有更多人在議論法蘭克・貝茲議員將成為總統的可能。他提出的禁止進口外國電視機的議案通過了。他開始談論一項計畫，把所有的外國產品都拒之於國門外，讓電視以外的其他產業也得到相同的利益。這項計畫成為他總統大選的主軸。艾德・強森為法蘭克・貝茲到處巡迴遊說，進行貿易保護主義的宣傳。

到了一九六〇年夏天，法蘭克・貝茲已有五成的機會被該黨提名為總統候選人。他請艾德在競選大會上為他舉行一次提名演說。艾德有些猶豫，但法蘭克解釋說，他的競選班底會幫忙寫好演講稿。艾德將談及美國的榮耀和保護美國基礎工業不受外國競爭影響的重要性，以及法蘭克的經濟政策將如何為每個人帶來富裕，正如史泰勒電視機廠的工人和星星鎮市民受益匪淺一樣。這看來還不太難，艾德答應了。

在準備動身去洛杉磯開會的前一個晚上，艾德・強森輾轉反側，難以入眠。他已經練習好他的演講。他的妻子和孩子正在伊利諾州七月的夜裡香甜入睡。他的工人從沒經歷過比現在更好的日子——史泰勒電視一台賣三百美元，工人每星期賺兩百美元，只用一個半星期就賺到一台電視；工廠的產能滿載，大家甚至說要擴大生產規模。那麼，到底是什麼讓艾德．強森感到心神不寧？

凌晨兩點，艾德下樓喝了一杯牛奶，吃了一塊巧克力蛋糕。他自言自語地回到樓上的書房，走到唱機旁，放上法蘭克．辛納屈（**Frank Sinatra**）那張《只有孤獨》（*Only the Lonely*）的唱片，把唱針移到憂傷哀婉的〈獻給我的寶貝〉（One for My Baby）一曲。

「永遠不要跟政府亦步亦趨，」他喃喃自語，「我承認，進口配額的議案對史泰勒電視機公司是有好處。但是，一個限制所有產品進口的議案不免令我忐忑不安。電視不一樣，電子業是美國的未來。但是，對所有的產品設限？也許不太對。」

這是我的暗示在起作用。當艾德在屋裡踱來踱去時，我得到法官的允許降臨人間。我跳上角落裡的一張皮沙發。艾德起先沒注意到我，他止全神貫注地踱步沉思。最後他終於看到我，大吃一驚地停住腳步，倒吸一口冷氣。他問候的話語彷彿緊張的斷奏：「喔，真見鬼！你到底是誰，我的朋友？」

在我觀察艾德．強森的這些年裡，還沒聽到他說過什麼褻瀆神靈的話。確實，在凌晨兩點一聲不響地潛入一個人的書房，即使是性格最溫和的人也難免受驚嚇。

「我是大衛，不過你可以叫我戴夫。我是……」

「嗨，戴夫，」艾德友善地說，「你餓嗎？樓下有炸雞，要不要來一塊？」

艾德以為我是一個想找個暖和的地方吃住的乞丐。他沒有報警，只是善良地提供幫助。

「非常感謝，強森先生。我希望我能接受你的幫助，真的。但是從我們那兒來的人是不會餓的。」

「那麼你來的地方有足夠的東西吃，是嗎？」艾德緊張地問。屋裡的溫度下降了，艾德講話時感覺到一陣風，他開始檢查窗戶。

「窗戶沒什麼問題，強森先生。恐怕你感覺到的那陣風是因我造成的，這是一個天堂流放者下凡到人間的自然結果。」

「流放者？」

「是的，強森先生，你看過《風雲人物》（*It's a Wonderful Life*）這部電影嗎？」

「當然。每年聖誕節都看，這是我最喜歡的電影之一。」

「還記得電影裡的克勞倫斯（Clarence）嗎？」

「當然。克勞倫斯是喬治．貝利（George Bailey）的守護天使。他最後長了翅膀，真是棒極了。戴夫，現在讓我們下樓去吧。我肯定冰箱裡會有東西讓你感興趣。」

「恐怕事情並非如此。」

「什麼事？」

「長翅膀。那只是導演法蘭克・卡普拉（Frank Capra）的想像罷了。」

「是那樣嗎？」艾德伸手拿書桌上的電話。「電話怎麼沒聲了？」艾德自言自語道。

「可能也是因為我的緣故，雖然我自己也無法解釋。我可能還會影響到其他東西，如電源、電視……」

「聽著，大衛先生，你姓……」

「李嘉圖。」

「聽著，李嘉圖先生，假如你切斷了我的電話線，我可要失去幽默感了……」

「冷靜點，強森先生。你記得在電影《風雲人物》中克勞倫斯是如何證明他是天使的嗎？我恰恰想對你做相同的事。」

「你能說出我為什麼常喝牛奶、吃巧克力蛋糕嗎？」

「這並不難。當你還是個小男孩時，你和你父親經常藉口檢查燈是否關好而下樓，他會趁機給你一杯牛奶和一塊巧克力蛋糕。現在你和史蒂芬還繼續維持這一特殊習慣。不過，今晚對於史蒂芬來說是太晚了。」

艾德坐了下來。顯然，我的話引起了他的注意。

「我們就別再客套了，艾德。我可以叫你艾德嗎？我非常了解你，比知道你小時候摔倒、膝蓋上留個疤的人更了解你。有足夠膽量和常識的人都會發現這一細節，這不足以證明我的超凡身分。不，艾德，你想像不到我的耳朵有多敏銳。我知道你對你兒子史蒂芬的期望，也知道你多麼渴望看到你女兒蘇珊安安全全、無憂無慮。我對我的孩子也有同樣的期望。我知道你一想到和貝茲先生合作就感到不安。你在床上輾轉反側是因為你感到內疚，不是嗎？求助別人，為你的公司尋求不公平的優勢，這些讓你感到內疚……」

艾德．強森咄咄逼人的目光趨於柔和，看來我說中了他的心事。

「耐心點，艾德。在今夜過去之前，你有理由感到內疚，但是你將有一個難得的補救機會。」

「請指教。」

「我們要做一次時間旅行。我將向你展示法蘭克．貝茲競選總統失敗後的美國，會是何等光景。如果法蘭克．貝茲當了總統，美國將成為愈加強硬的貿易保護主義者。相反地，我會讓你看到遵循自由貿易原則的美國。也許當你看到那樣一個世界時，你會將演講稿扔掉，不再支持法蘭克．貝茲了。」

「我準備好了，李嘉圖先生。」

「叫我戴夫好了。」

「你沒有親戚在古巴吧？」

「古巴？我想沒有。我的大部分親戚都在英國。」

「『巴巴魯』（Babaloo）這個詞對你沒有什麼特殊意義嗎？」

「啊，我知道你指的是什麼。很好，艾德，不過那恐怕是另一個李嘉圖，和我沒關係。」

剛說到這兒，我們便飛向了未來。

3 間接致富之路

為確保此行成功，我選擇了二〇〇五年，因為在那時，艾德會充分體會到美國和外國進行自由貿易的世界是什麼樣子。

「我們在哪兒？」艾德問。

「朋友，我們在你家鄉伊利諾州星星鎮一家電影院的停車場，二〇〇五年。」

「為什麼一家電影院要用這麼大一個停車場？」

「這附近有十六間電影院，它們需要很大的地方。」

「十六間電影院！那家『碧珠戲院』怎麼了？」

「『碧珠戲院』，在城中心的那家？恐怕它已在『城市改造』中被拆掉了。」

「太糟了。我們能看看史泰勒電視機工廠嗎？」

「恐怕它已經倒閉了，艾德。」

「倒閉了！」艾德大叫著，身子癱在一輛本田雅哥（Accord）車上以平衡自己的激動情緒。

「恐怕如此。事實上，這家大影城（也就是現代對於複合電影院的新說法）正位在當年你工廠所座落的位置。」

「見鬼，我會遭報應的！為什麼？」

「艾德，說話小心一點，當心真的遭報應。」

「對不起。在美國還有人生產電視機嗎？」

「有的。實際上他們在勞力和原材料上的支出，比你廠裡最好的年份還要少。」

「一定是摩托羅拉，我的強敵。」

「摩托羅拉在一九七四年生產了最後一台電視機。」

「那現在是誰在生產？」

「我會帶你去看的。我們要離開星星鎮一會兒，但是這對天上的人來說是小事一樁。」

「現在我們在哪兒，戴夫？」

「新澤西州的拉維市。」

「電視機廠在哪兒？」

「你眼前就是。」

「但是牌子寫著『默克醫藥公司』。它不是生產藥品的嗎？」

「它確實生產藥品，艾德。它把一些藥品運到日本，做為日本把電視送到美國的回報。事實上，有兩種方法來生產電視：直接的途徑是建一座像你在星星鎮那樣的工廠，利用工人和機器把機件組裝起來製成電視；間接的途徑則是你生產其他的東西，像藥品，然後賣出藥品換得電視。日本的醫藥工業沒辦法有效滿足國內市場的需求，所以日本進口藥品而出口電視機。你眼前的這家工廠看起來是生產藥品的，但實際上它藉由販賣自己的產品來生產電視機，供美國人享受。」

「但是默克賣藥品給日本不是為了換得電視，它是為了賺錢。」

「看起來好像如此。但默克賣藥品換得日圓，恰是因為一些美國人要用這些錢買日本貨，比如說電視。如果沒人想買日本產品，那麼那些日圓根本就是壁紙，默克也就不會把藥品賣給日本了。」

「它不能在銀行把日圓換成美金嗎？」

「可以，其實它就是這樣做的。但是事情之所以如此，正是因為一些有美元的人想買日本生產的東西，他們需要日圓。否則沒有人會用美元去換日圓，銀行也不會有貨幣兌換這項業務。你看見美國人買電視並且給日本人美元，日本人以日圓向美國人交易藥品。實際上，美國人是在用藥品交換電視，貨幣只不過是便利的交易媒介罷了。」

艾德小心翼翼地聽著，問道：

「如果日本提高國產藥品的供應量會怎麼樣？」

「它可能這樣做，但也可能不這樣做。日本不能什麼都生產。即使它能做到，也不可能把所有的事情都做得同樣出色。跟其他任何國家一樣，它的資源是有限的。我所說的資源，不僅指原材料，也包括它的勞動力數量、每天工作時數，以及人們願意接受的工作強度。日本製造的每一種產品都比其他任何國家要好，這是不可能的。而且，即使它可以，這麼做也是不明智的。」

「為什麼？」

「即使它可以，它也最好專業化地把某些產品生產得更好，而不是試圖去製造所有的產品。就拿你為例吧。我知道你在星星鎮高中時獲得打字比賽的第一名，創造了空前的紀錄，是吧？」

「是的。」

「現在，身為史泰勒電視機公司的老闆，你沒有自己的祕書嗎？」

「當然有。」

「不過和她比，你是個更棒的打字員。為什麼你還要雇她呢？」

「因為我的時間用來管理工廠更划算。」

「對極了。你的時間很寶貴，所以即使你比艾娃小姐打得更快，你自己去打字也是很愚蠢的。這道理對於日本來說也是一樣的，儘管日本也可以選擇把電視機工程師培訓成化學專家，但它決定在電視機領域進行專業生產，同時從外國進口藥品。反過來，美國既需要救命的醫藥也需要電視，它可以選擇以最有效的途徑來生產這兩種產品：製造藥品，留一部分滿足國內消費，剩下的出口到日本換取電視。」

「這種理論有名字嗎？」

「有，但還不夠朗朗上口：『比較利益理論』，它是由一位英國經濟學家想出來的。」

「那位經濟學家是誰，戴夫？」

「我可能忘了，艾德。無論如何，我們最好給它取另一個名字：『間接致富之路』。這個理論是，即使有個國家無法事事專精，但相較之下，它總會有些強項。而有個國家即使樣樣精通，它還是應該專事生產某些項目，其他則以進口為之。」

「我聽不懂。」

「大多數學生也都聽不懂。以數字為例說明或許會有幫助，但也可能讓你昏昏欲睡，我們今晚可還長得很呢。那個數字的例子會讓一些學生以為，這理論只適合讓兩個產品或世上的兩個國家做比較。我會試著切中要點。時間是最主要的有限資源。你應該要慎用你的時間。事必躬親其實是很浪費的——這意味著你花在自己較為專長的事務上的時間被佔用了。因此你會聘請艾娃小姐幫你打字，即使你打字比她還快。國家也是如此。即使美國的電視製造技術優越，但是將有限資源用來生產電視，就表示你從事其他行業的時間少了。美國善於製造電視，但它更善於製造藥品。即使在美國製造電視所需的勞力少於日本，美國在藥品的製造上卻有比較利益。」

「但是，戴夫，既然在美國製造電視所需的勞力低於日本，那麼讓日本人代替美國人生產電視，豈不是太缺乏效率了嗎？」

「不會，因為人們並非只在乎電視。他們也在乎別的。在美國生產電視，它真正的成本不是投入的人力，而是這人力能夠生產的其他事物。生產電視，就代表其他東西必須減產。假設美國生產電視的技術只比日本好一點點，但是製造藥品的技術卻好一大截，那麼在美國生產電視機就很貴了——這表示你必須犧牲許多藥品的生產。最好是讓日本人去生產電視，就像你不會浪費時間打字，而把時間專注於公司管理一樣。或許另一個較好的說法是——最好是生產許多藥品，然後利用一些藥品，以間接的方式去生產電視——用它們來換電視。那麼你得到的電視，會多過你用直接的方式自己生產。」

「我猜日本也是這麼做的。他們致富的方式是生產電視，用它們來交換藥品，而不是自己去製藥。」

「沒錯。國際貿易的概念，就像你與本國人之間的交易一樣。這是一種可以讓人們一同運用自身技能的方法。貿易看起來像是競爭，但它其實是一種合作的形式。日本人為美國人生產電視，美國人則為日本人製造藥品。彼此交易的結果，你可以因為自己的技能獲利，而你若事必躬親，就得不到這種利益。貿易可以讓你從自己的技能與有限的時間裡獲取最大利益——交易的雙方都是如此。」

「不過你怎麼知道間接的途徑更便宜？這只是一個理論。政府袖手旁觀，讓摩托羅拉和史泰勒雙雙破產……」

「摩托羅拉還在經營，艾德。」

「不過你說過……」

「我只說它不再生產電視了。」

「好吧，它不再生產電視了。也就是說，美國採取間接的途徑生產電視。但美國人要付錢給日本人。我敢打賭，已有好多好多錢從美國人口袋流到日本人手中。把那些錢留在美國不是更好嗎？如此，就是美國人而不是日本人賺到錢，我們就更富有了。這不是比和外國人分這些錢更好嗎？」

「這要視情況而定，艾德。一個社會的財富不是靠它的公民手中有多少鈔票來衡量的。如果美國不和日本進行貿易，美國人手中的鈔票確實會更多，但這能保證他們享受更多的商品、服務和休閒嗎？如此一來，除非日本出於善意把電視平白送給美國，否則美國就不會有日本電視；沒有日本電視，美國就只能在國內自行生產。在國內生產需要消耗勞動力和原材料，而生產藥品並用它交換電視的間接生產途徑其實會更划算。」

「這個理論聽起來倒蠻動聽的，但是你有實際證據嗎？你說默克用間接的途徑生產電視要比我過去的電視工廠更省錢，請證明給我看，別再不著邊際地高談闊論。」

「別著急，艾德，冷靜點。你回想一下，在一九六〇年，你的工人要工作多長時間才能賺到一台電視？」

「大約兩個星期。」

「現在一般的美國人只需工作不到一天。」

「開玩笑！那品質怎麼樣？如果你把一九六〇年出產的電視和二〇〇五年的相比，你必須比較同一品質的產品。如果你說的是日本電視，它們可好不到哪裡去。」

「我會讓你自己做判斷的。讓我們回到伊利諾州去看看。」

「我猜威利電器行已經關門了。」

「恐怕如此，它被一家果汁吧取代了。我們可以稍後再討論這一現象。不過別擔心，你還是可以在星星鎮買到電視的。」

回到星星鎮，我把艾德帶到電器城（Circuit City）去參觀二〇〇五年的電視。電視機琳琅滿目的外形和型號讓他目瞪口呆。我們走過去看一台二十吋的彩色電視。

「啊！」艾德說。「一百美元！這可不便宜。你說一個普通工人用不到一天的時間就可以買這樣一台電視？」

「是的。一般工人確實可以。他們的工資已比一九六〇年高出許多。這就是為什麼要考慮工人工作多少天可以買一台電視，因為它排除了通貨膨脹對工資和電視價格造成的影響。」

「不到一天，太不可思議了！畫面的清晰度也令人吃驚。」

「此外，艾德，和過去那種老式的電視機不同，這種新型產品幾乎不會故障，而且每一台都有遙控器。」

我還提醒戴夫，一九六〇年時彩色電視是珍稀的奢侈品，但是在二〇〇五年則成了家家戶戶的必需品。接著我帶他去看那些大螢幕電視。他靜靜望著一台四十二吋的電漿電視。

「它其餘的部分在哪裡？」他輕聲問道。

「這就是它的全部。我知道。它只有四吋厚。他們想出可以把它做得很薄的方法，和你那個年代不同了。」

「而且還大得多，」艾德說，同時搖頭。「這一台多少錢？」

「一千四百美元。一般美國人工作大約兩個星期——十一天多一點。這大概是一九六〇年代的工人賺到一台二十吋電視所需的工作時間。不太一樣了，是嗎？」

「戴夫，儘管這些新電視好得很，我也不信美國不能同它競爭，生產出同樣好的產品。美國過去先進的技術到哪裡去了？」

「還在呀，只是被應用到其他更有效率的領域去了。像你打字的技能——如果你是整個工廠裡最好的打字員，你為什麼放棄打字呢？對你來說打字的代價太大了。你高超的打字技術所能帶給工廠的效益，遠遠不及你管理工廠產生的效益大。生產電視也是如此。美國人其實可以生產出世界上最優質的電視。」

「那我們為什麼不生產呢？」

「因為用於生產最好的電視的資源可以更有效地被運用在藥品生產上，然後再利用藥品交換其他國家生產的電視。」

「也許你是對的，但你憑什麼這麼說？是誰來決定專門生產藥品而非電視呢？你怎麼知道這個決定是明智的？」

「沒人在做決定。這其中的機制比較難理解，但實在非常奧妙。假如某些美國人可以比日本人生產出更物美價廉的電視，這些人一定會財運亨通。但實際上，一個由美國製造的高品質電視，成本比日本製的要高。」

「你怎麼知道？」

「如果這不是事實，就會有人來從事這種生產。但你必須先從其他領域，如航太工業、資訊或是醫藥業中抽調出專家和技術。這些人力資源在那些行業會發揮更好的作用。」

「你又怎麼知道呢？」

「若非如此，電視製造商就可以從這些行業中挖人才。當然，他們總是可以透過加薪的方式把優秀人才從那些行業吸引過來，但是我們並沒有看到這種情況發生。顯然，把有經驗的勞動力從其他產業吸引到電視製造業所需的工資太高了，美國生產的電視不可能與日本電視在同一價位上競爭。艾德，這使我想起，人們老是把國際貿易與奧運比賽混為一談。」

「奧運？貿易怎麼可能像奧運比賽？」

「在七、八〇年代，東德和古巴選手在夏季奧林匹克運動會上成績斐然，以他們的人口來看更是如此。美國人被激怒了，大聲疾呼要建立一支更好的奧林匹克代表隊。當然，美國是有能力獲得每個奧運項目金牌的，如果它想要的話。美國可以動用更大一部分資源去製造訓練設備，並且保證最好的短跑選手、跳高選手和體操選手都全力投入訓練；它將會任命一個專家委員會，不僅從體育界而且從各行各業中挑選有潛力的人，同時用高薪將他們從其他行業中吸引過來。你想這麼做行得通嗎？」

「看不出來有何不可。」

「這麼做當然也行得通。美國可以用這種方式獲得每一塊金牌。但這樣做值得嗎？」

「不見得。但是這和貿易又有什麼關係呢？」

「這就是一個可見事物相對於不可見事物的例子，眼中可見的一切不見得代表全部。美國可以享有相同的榮耀，這是明顯可見的。看不見的是，為了獲得這樣的榮耀，必須犧牲多少活動與機會。這樣做不值得。對東德和古巴來講，也同樣不值得。噢，那些得獎的田徑選手倒是過得不錯，這對他們來說是值得的。不過，當他們獲得金牌時，哈瓦那和東柏林的人正在貧困和污穢的生活中苦苦掙扎。一個自由的市場體系永遠不會造成這種結果，只有極權政府才會鑄成這樣的大錯。有人說，美國至少應在白米短跑這個項目拿金牌，因為美國人一直在該項目得勝。與前面的觀念相比，這種認知的錯誤雖然小一點，但實質卻是相似。就因為美國一直都生產世界上最好的電視，美國就應該永遠如此嗎？如果電視可以透過間接的途徑以更低的成本生產，那美國最好選擇間接途徑。」

4 貿易對美國有利嗎？

「戴夫，既然我們談到了奧運會，不妨順著這個譬喻再往下談。假如日本人生產出大量的電視機，是不是意味著他們超前美國了？」

「超前或落後真有那麼重要嗎？」

「無論如何，超前總比落後好吧？」

「也許，但這要看比賽的性質和記分方法。九〇年代初，人們看到日本人以美元計算的所得，往往認為日本領先美國了。但是日本人必須用日圓來購買商品。如果你考慮到日本的物價水準和日本人的購買力，你就會發現，一般美國人的生活水準在二〇〇二年仍要比日本人高出三四％。」

「我想，這個差距比一九六〇年要小多了。」

「對。」

「他們是靠扯美國後腿，還是藉由提高自身實力來縮小這一差距的？」

「一九六〇年至今，的確有一些美國工人因為日本的競爭而利益受損，但整體而言，美國變得更富有了，且是大大富有了。其實兩國都是。人們想到貿易時，犯了一個最嚴重的錯誤，就是把它當成是在搶一個固定大小的餅。事實上，貿易的結果，讓兩個國家的人民都可以盡力運用自己的技能，提高生產力，以創造財富——整個餅變大了。這對雙方都好。」

「你能證明嗎，戴夫？」

「首先，我用你的親身感受來證明。剛才在電器城時，那些商品真是琳瑯滿目，讓人嘆為觀止，是不是？」

「是啊。和一九六〇年的情形完全不同了。肯定有人在買那些電器。」

「你還可以看看你自己的子女和工人們的孩子，他們的生活水準比你們那一代要高多了。但你還不能確定他們是否具代表性。要想知道美國整體情況，還要看看大部分人甚至所有人的工資或收入。」

「你有什麼發現？」

「政府蒐集了關於『生產或非管理職工人』的數據。這些人約佔全部勞動力的八〇%。

在一九六〇年，這類工人每小時賺二．〇九美元；二〇〇四年，這個數字是每小時一五．四八美元。」

「是不是有通貨膨脹的因素？」

「問得好，艾德。考慮到物價水平上漲的因素，表面上成長了六倍的工資實際上只提高了二六％。」

「嗯，在將近四十五年中，這可算不上是驚人的進步。」

「我同意。但是這種片面的比較很容易引起誤會。二〇〇四年，工人的收入更多是以額外福利的形式獲得的，像退休金計畫、健康和牙醫保險、更長的休假等等。事實上，這種福利補償在一九六〇到二〇〇四年之間成長了一倍多。衡量工人福利的正確方法，是把一切補償形式都算進來，而不僅僅是時薪而已。」

「如果考慮到額外福利，那情況怎麼樣？」

「政府有個涵蓋各行各業的薪資與福利調查，並不單指生產線與非主管職務。基本上是除了聯邦雇員之外的每一個人。從一九六〇年到二〇〇四年之間，這個大族群真正的每小時工作報酬成長了九〇％以上。因此幾乎成長了一倍。但是，衡量經濟福利水平的最廣泛指標是『人均國內生產毛額』（**per capita GDP**）……」

「真夠拗口的。」

「沒錯。不過這是衡量我們生產力和富裕程度的涵蓋面最廣的指標。除去通貨膨脹因素，這個數字在一九六〇到二〇〇四年間成長了一六六%，比過去成長了一倍多。而且這些估計數字都低估了真正的進展，因為各種產品的品質不斷改善，通貨膨脹的問題其實很難正確估量，就像我們看見的那些電視機。」

「你是說美國經濟狀況不錯，但這怎麼可能呢，戴夫？失業問題你考慮過嗎？我們的工廠被迫倒閉，**Zenith**和摩托羅拉也相繼關門，美國人肯定失去了許多工作機會。」

「不，美國只是失去了某些工作種類而已。你喜歡吃玉米嗎，艾德？」

「喜歡。」

「你自己種玉米嗎？」

「不種。」

「但你原本可以自己種的，不是嗎？這和你不親自打字的道理一樣。表面上看來，自己種玉米便宜得很，你只需花一點種子錢就行了。但實際上你自己種玉米的成本極高，因為你要花許多時間來除草、澆水和施肥。那些時間看來是無成本的，但事實上卻很貴。你喪失了做其他工作去賺錢、再用收入來買玉米的機會，或者失去了娛樂休閒的時間。如果把家庭視為一個國家，就等於你在進口玉米。你以間接的方式種植玉米，就如同美國以間接的方式製造電視機。」

「但是，要是我真的很擅長種玉米呢？」

「即使你真是個出色的農夫，你從事其他工作再來買玉米也很可能比你自己栽種更便宜。這取決於是直接種一穗玉米用的時間少，還是從事其他工作、再用賺來的錢買一穗玉米的時間少？你可能說你們家『失去』了種玉米的工作。但若看看實際發生了什麼，這種看法就顯得十分愚蠢了。你失去了種植玉米的工作，但卻獲得了更值錢的工作機會。」

「這與星星鎮的就業機會有什麼關係？它們不是已經消失了嗎？」

「生產電視機的工作是消失了，但其他的工作機會也隨之出現了。想想農業。廿世紀初，美國大約有四〇%的人口從事農業生產。現在這個數字不到三%。在農業這個例子裡，導致美國從事農業的必要人口急劇下降的，並不是進口，而是不斷提高的技術水平。但是，技術進步減少了美國的就業機會嗎？它只是使美國失去了某些行業，但是總體的就業機會卻顯著增加了。」

「可是那些種植工作再怎麼說也是消失了呀，戴夫！」

「不是以你想像的那種方式。一個農夫不會一早醒來就發現他的工作褲不翼而飛，他的拖拉機蹤跡全無，他的農田上建起了購物中心。隨著技術的進步，一些農民的收入下降。有些農民提早退休了，另一些把農場賣給了效率更高的農民，還有一些一直掙扎到退休。但是由技術帶來的最大變化卻是隱性的：農民的孩子有了新的夢想；他們看到農業不再是一個蓬勃發展的產業；即使他們的父母和祖父母曾經都是農民，他們也會發覺農業不再像以前一樣有利可圖了。他們打算去當業務員、工程師、化學專家和飛行員。而這些行業之所以存在，是因為美國已做好決定，讓農業規模變小。」

「你是說人們都去做其他工作了？」

「是的。有些人甚至進入了一個叫做電視機製造的新行業。如果在一九〇〇年，美國以保障就業為名、保持農業的規模不變，你能想像在一九六〇或二〇〇五年，美國將會多麼貧窮嗎？」

「但我們失去的農業工作會轉移給其他美國人，這跟我們開始進口農產品是不一樣的。」

「有什麼不同呢？」

「我不知道。這兩件事情好像就應該是不同的。如果美國農民由於其他美國人發明的一種新技術而失業，至少從中受益的發明者是美國人。但如果是因為外國人以更便宜的價格向美國銷售農產品而導致美國農民失業，那好處就被外國人佔去了。」

「事實上，兩種情況都使美國更加富裕。」

「怎麼會呢？」

「在每種情況下，美國都是以更少的農業勞動人口獲得了更便宜的糧食。這是一個很重要的變化。你看到美國丟掉了工作機會；我看到美國人在糧食上花費減少了——農產品更加便宜，務農的美國人更少了。美國的消費者過得更好。大多數美國勞工也是。當消費者的糧食變得比較便宜，他們就有更多的資源可以花在別的地方，那麼除了農業之外的各行各業就更能蓬勃發展。而且他們也找得到工人，因為不需要那麼多人去生產糧食了。這使得美國人可以生產更多農產品以外的東西。讓我問你一個問題，艾德。如果所有的疾病都消失，而且每個人都可以健健康康地活到一百二十歲，你認為這對美國有利嗎？」

「當然。」

「你為什麼回答得這麼快？你難道不為醫生的生計擔憂嗎？美國將會失去所有高報酬的醫療和保健工作。」

「少來了，戴夫，講講道理！如果我們可以消除一切疾病，醫生就不該在那兒礙事，他們可以去找其他工作做。」

「那如果美國找到了一個更便宜生產電視機的方法：進口呢？」

「這可不一樣。便宜的電視機並不像消除疾病一樣生死攸關。」

「但原理是一樣的。一個醫生是不是有權利讓某個病人永遠臥病不起，好讓自己像往常一樣養家活口呢？一個電視機製造商是不是有權利強迫消費者花更多的錢去買電視，從而保證他的工人賺取高工資呢？這問題也許該由哲學家來操心。無論如何，假若我們消除了疾病或者允許外國人向美國低價出口電視機，我們都不會失去就業機會，只能說某些工作種類消失了。假如疾病消失了，我們失去了醫療類的工作。那些本該從事醫療的人現在可以把他們的技能用於其他領域，大家的生活將更加豐富多彩。美國會失去醫療業高報酬的工作，但同時也會變得更富有——雖然這看起來有點矛盾。」

「那些已經是醫生的人怎麼辦？」

「他們可能會遭受一些痛苦，痛苦的程度要視疾病消失的方式而定。如果疾病是逐漸消失的，那痛苦會小得多，醫療人員就會有時間去適應和調節。如果疾病在一夜之間就無影無蹤，那就有點冷酷無情了——但這也是站在醫生的立場說的，生病的人則是巴不得疾病快點消失。」

「但是如果工廠關門了，美國人的工作不就變少了嗎？」

「只是那個產業的工作減少而已。在一九六〇年到廿世紀末的這段時間，美國的整體工作量是呈爆炸性的成長。在一九六〇年，美國有五千四百萬個工作。到了二〇〇四年，增加到了一億三千一百萬。」

「哇，這可真是驚人。」

「別弄錯了。工作大量成長的最主要原因，是美國的人口也大幅成長，而且有較高比例的人想要工作，尤其是婦女。但最重要的一點是，美國仍有夠多的工作機會來滿足人口成長的需求，儘管有許多美國的傳統產業都已經萎縮或消失，像是電子業、汽車業與鋼鐵業。」

「那我的工人怎麼樣了，戴夫？在星星鎮的那些人情況如何？」

「工廠並沒有立刻倒閉。你在六〇年代一直與日本人苦苦競爭，最終在一九七五年把工廠賣給了日本人。」

「我把工廠賣給了日本人？」

「他們開了個好價錢，並且保證讓你的工廠維持生產。」

「他們信守諾言了嗎？」

「並不盡然。他們在一九七八年關閉了星星鎮的工廠，你的四千名工人因此失業。而在他們買下工廠之前，你已經解雇了一千名工人。」

「我竟以為他們會信守諾言？我簡直不敢相信！」

「他們已經盡力了，艾德。電視機市場在七〇年代末期陷入疲軟，日本人不得不屈服於價格壓力。他們保留了你在芝加哥附近的工廠。事實上，他們現在還在經營它。」

「這還讓我好過一些。」

「其實他們在那裡也沒做多少工作。那只是一個組裝廠，他們從低工資的亞洲國家進口大部分零件。」

「我的工廠關掉之後，那四千名工人怎麼樣了？這間接致富之路又如何說明那必然來臨的貧窮呢？你可以跟我說，默克其實是個製造電視機的公司。現在我們已經談到一點勞力市場，我可以了解你想要說的是什麼。你是想跟我說，電視工作變成了薪資較高的製藥工作。但是過渡時期怎麼辦？我那些裝配線上的工人可不是化學家。他們失業之後，就會需要新的技能與訓練。有些人年紀大了，已經不夠聰明或不夠有耐性去學習。這些人後來呢？」

「有的退休了；有些人用在史泰勒分到的紅利開創了自己的事業，其中有些發展得不錯，有些失敗了；有些工人則到夜校學習新技術。你的工廠關閉大約一年以後，因為有些公司知道你的工人技術嫻熟，就又在星星鎮開了幾家新工廠。一些工人在那裡找到了工作。」

「新雇主給的工資如何？」

「不像你給的那麼高。你是鎮裡最好的雇主。你的工人對你和工廠感情頗深，即使在你把工廠賣給日本人之後也是如此。他們在工廠關閉十年後再次團聚，幾乎不帶辛酸地回憶起郊遊、晚餐那些美好的時光。他們心中珍藏著許多美好的回憶。」

「但是新工作的工資減少了？」

「是的。也許更重要的是，隨著時間的流逝，他們的工資趕不上美國其他行業的工資成長速度。」

「但你不是說，在一九六〇年到二〇〇五年之間，美國人變得更富有了？」

「他們是變富有了。但是並非每一個人的日子都變得更寬裕。每一個人富有的程度也並不相同。你的工人技能相對較為簡單。有些人連高中也沒念完；只有極少數人（主要是工程師）受過大學教育。許多工人都在痛苦地為生計掙扎。」

「我不曉得該怎麼說，戴夫。如果我把工廠給關了，我要怎麼面對那些人？我要怎麼跟他們解釋，說他們即將失去工作，他們心愛的小鎮必須痛苦煎熬，就為了讓美國人買到比較便宜的電視？」

「你的問題是，我們是不是應該為了便宜的電視，而去破壞某人的生活方式和某人的小鎮呢？但是你不用回答這問題啊，這是個有陷阱的問題。這個問題不對勁。」

「也許不該這麼問，戴夫。但它就是我心裡的問題啊。」

「我懂。讓日本電視進入美國，終將使得電視價格降低。不過這並不是自由貿易的真諦。自由貿易的真諦是，它如何影響人們的生活，以及下一代的生活。試想你的工廠在狀況良好時，有個少女在你的廠裡工作。她在裡頭工讀，心裡想著乾脆輟學，以便能夠全職工作。她中學畢業之後，也許就會留在你的工廠裡繼續工作，或繼續升學。但若你的工廠關閉了，她就更可能去上大學，當然也比較可能離開星星鎮，然後……」

「但是用這種方式來鼓勵她也未免太狠了吧！關掉她在家鄉的機會，好把她趕到外頭的世界去。」

「輕鬆點，艾德。我同意。但這不是我真正的想法。她比較可能離開星星鎮的原因有二。第一個正如你所說，關廠可能會將她推向星星鎮之外的世界。但是並非僅此而已。如果工廠消失，她在星星鎮之外置身的世界——國內其他地方的選擇與機會——都會有所不同。」

「為什麼呢？」

「如果美國和日本及其他國家進行自由貿易，美國就會得到比較便宜的電視和衣服，以及任何其他國家能夠做得更有效益的東西。美國可以為那個女孩和她那一代的人製造數不清的機會。是那些機會使得離開星星鎮變成一個迷人的選項。」

「如果她的父母沒有工作，她又怎麼進得了大學呢？」

「剛開始，她得申請獎學金，或是上州立大學或社區大學。但是只要她志向夠遠大，就會找到一個完成學業的方式。到了二〇〇五年，在自由貿易制度之下，美國人到了升學年齡進入大學的比例比以前都高。」

「但是星星鎮呢，戴夫？美國其他地方的工作多了，這裡的工作卻少了。而且我敢打賭，在我的工廠關閉之後，還有很多其他的企業在艱苦奮戰。而且剩下來的工作薪資也沒那麼優渥。星星鎮將成為一個空殼，而不再是過去的模樣，或是原本可能成為的樣貌。」

「是的，但是這個小鎮的結局，並不等於住在這裡的人和他們所愛的孩子的結局。星星鎮不像過去那麼繁榮。但那是因為你工人的子女選擇到別的地方尋求發展。星星鎮和美國一切製造業所在的城鎮看似受到貿易的傷害，但這只是誤導。要真正看清那些小鎮的結局，就得考慮那些離開小鎮的孩子們，他們的生活有了什麼改變。你不能只看小鎮目前的處境。這是誤導。就像你不能因為有一家工廠倒了，就遽下結論說，自由貿易使得美國的工作機會減少了。你得記住那間接致富的方法，還要記得有其他的產業在擴展或是在起步，它們創造出來的工作機會是為下一代的技能與夢想量身訂做的。」

「在星星鎮市中心的傑克．克萊門茨和他的福特汽車經銷商生意如何？」

「它已經關掉了。鎮裡的錢不夠讓它維持下去。」

「那間汽車經銷店可是他的全部啊，戴夫！你無法想像它對他有多麼重要。賣掉那家店一定讓他傷痛欲絕。」

「確實如此。」

「這總不會是好事吧？」

「對傑克來說不是。但是想想傑克的兒子，丹尼。還記得他嗎？他是史蒂芬的兒時好友。」

「我跟他們家很熟。傑克總是夢想有朝一日讓丹尼繼承這家汽車經銷店，並且在星星鎮長期定居。」

「那肯定是傑克的一廂情願，丹尼的理想並不是經營汽車店。當傑克賣掉了這地方，丹尼就自由了。」

「這太荒唐了！丹尼的自由與汽車經銷店的關閉根本毫不相干。如果他不想為父親工作，他就不必那樣做，他總可以去做其他事情。」

「當然可以，但他的選擇就大不相同了，就像你廠裡工人的孩子一樣。讓美國的電視機製造業死亡，代表其他行業會成長茁壯。回憶一下農業的例子，如果政府在一九〇〇年承諾維持美國四〇％的人口從事農業的話，你認為傑克・克萊門茨還有機會用他半生的時間經營一家汽車經銷店嗎？這肯定不會發生。丹尼的選擇增多了，就因為星星鎮的機會不再有魅力。」

「那丹尼後來去做什麼了？」

「他到芝加哥的一家投資公司。生活寬裕得很。」

「你認為這對傑克．克萊門茨是一種安慰嗎？」

「也許不是，但如果他知道他的痛苦和他兒子可獲得的機遇之間的聯繫時，也許會感到欣慰。他看到他的夢想破滅了；他看到他三十年來在汽車經銷店上的努力化為烏有；他覺得自己一敗塗地。但他不是一個失敗者；他成功經營了三十年，為人們提供汽車和優質服務。他視店如子，但是他不明白汽車店和他的孩子丹尼之間真正的關係。正是他的汽車經銷店的倒閉和美國其他公司的倒閉，給像丹尼這樣的孩子開創了全新的機會，去追逐自己的夢想。五十五歲的傑克還能重新去學習、開創一個新的事業嗎？有些人可能可以，但遺憾的是，傑克不行。他的兒子獲得了更多的機遇，這恰恰因為傑克這些人的命運發生了戲劇性轉折。」

「但是傑克想讓丹尼在星星鎮定居呀。」

「現在不會了。傑克曾經想讓丹尼接手他的店，但現在這已經不可能了；他希望他的經銷店成為他的遺產，但它不是，丹尼才是他真正的遺產。傑克．克萊門茨的一生能說是一場悲劇嗎？我不知道。夢想受阻的現實常令人唏嘘不已。但若保護傑克．克萊門茨和他的店不致倒閉，就會妨礙丹尼和其他孩子尋求夢想。告訴傑克．克萊門茨他的汽車店不會倒閉，就等於把一種只充斥著美國產品的僵化生活硬塞給丹尼。這種生活包括一些一流產品、一些平庸產品，以及一些劣質產品。這就等於關閉了美國的丹尼們的夢想大道。因為，沒有變化、成功和失敗，這個世界就會日益貧困。」

「金錢不是萬能的，戴夫。」

「你說的對。但我所說的『富裕』並不僅指金錢財富，我是指能使生活變得豐富的各種方法，包括豐富的經歷和充裕的時間。此外，物質財富確實可以幫助人活得更長久，擁有更多的沙灘漫步、提早退休，以及享受更好的生活品質。」

「因此自由貿易會造成今日的痛苦，但是下一代會比較好過？」

「不，不，不。貿易在今日就創造了利益——每一個人都可以得到價格較低的商品與改革及更多的機會，因為資金與勞力都流向新的產品與服務，國家利用貿易，創造了這些產品與服務，並善用世上其他人的技能。消費者與勞工都得到好處。但是並非**每一個**勞工都過得比較好。有些工人因為外國工人的競爭而受到傷害。不過即使是這些工人，他們知道自己的孩子將會繼承到一個比較好的世界，也多少會覺得安慰的。」

「我可不敢說我像你這麼有信心，戴夫。」

「這與信心無關。看看你自己這一生就夠了。你幫助人們改變了這個世界。你沒有去治療癌症或發明汽車，但是你參與了一項革命，改變人類溝通與使用資訊的方式。這項革命從平面媒體開始，走過收音機，然後是電視，現在是用電腦和網際網路在繼續進行著。」

「電腦？網際網路？那是什麼玩意兒？」

「不久後我們就有機會看到。重點是，上一個世紀的後半段，整個世界由美國帶領，改變了人們溝通與娛樂的方式，那是一百年前甚或五十年前的人們所無法想像的。這項革命一路關閉了難以計數的工廠，就和貿易一樣。你在伊利諾州開了一家工廠，別的工廠就得關閉，因為你吸走了工人和資金。當人們夢想著製造一項新產品，或是改良某個產品，他們就會改善人們的生活，改變經濟面貌。假如他們的夢想成真，就會從別的地方把工人和資金吸引過來。你會擔心自己的工人，不曉得怎麼向他們交待。這也難怪。但我想你不會去找所有新公司裡的執行長、經理人與工人，跟他們說他們的夢想不能實現，因為你選擇把這世界凍結在一九六〇年那時的模樣。」

「是誰來決定哪些夢想可以成真呢？」

「沒有任何人能決定。沒有專家委員會能決定。政府機關也不行。新的產品必須經過市場的測試才能生存——它們必須在某些方面讓消費者過得更好，否則沒人會去買。那些夢想著要讓這世界變得更好的人，你可以給他們通過測試的機會。或者你也可以選擇站在另一邊，保證美國留住它曾經擁有的每一個製造業的工作，讓美國保住所有的農業工作，凍結經濟前景，確保美國永遠都會生產電視。要將那些工作留在原地，就需要立法來阻止這些夢想，讓法律去扼止經濟的改變。沒有那些法律，工作就會消失，但新的夢想會開啟更好的新工作。讓新的工作有機會在美國和世界上的其他地方成形吧！」

「說到孩子，戴夫，我可以看看我的孩子嗎？史蒂芬一直想成為史泰勒電視機公司的經理。他現在在做什麼？」

「你的兒子從事電腦業。」

「電腦？等一等，我想起來了，我還**真的**聽過呢。有人曾經想賣我一台電腦，我乘火車到芝加哥，他把我帶到了一間倉庫，足足有我在星星鎮的工廠那麼大，而那台電腦佔滿了整間倉庫。我問他這傢伙能做什麼，他說它可以製作薪資帳冊同時幫助記錄存貨。當他告訴我價格時，我只能說『謝謝，我不需要。』這個行業實在毫無前途可言啊！」

「你準備大吃一驚吧，這次可是個好消息。有人已經想辦法將電腦的體積大幅縮小，放在你的辦公桌上還綽綽有餘呢。更可喜的是，它現在比你看到的那個龐然大物，速度要快得多，也便宜得多。」

「騙人！」

「我沒騙你。我們去看一台電腦吧，我想你會喜歡它。」

「我的兒子是縮小那個怪物的人嗎？」

「不是，但是他在這一行也頗有作為。你等著瞧吧。」

5 製造業優於服務業嗎？

我帶艾德去看他的兒子，他住在加州的帕羅奧圖（Palo Alto）市。

「戴夫，這座房子怪里怪氣的。現在我們在哪兒？」

「加州。」

「你說我許多工人的孩子都過得比他們的父母好，但我不覺得眼前這棟房子比我的大多少。史蒂芬真比他老爸過得好嗎？」

「史蒂芬花八十萬美元買了這棟房子。」

「八十萬美元？你在開玩笑！還是這只是因為通貨膨脹的緣故？」

「通膨只是原因之一，但在美國，八十萬美元的房價的確高過一般的行情。這是棟偏貴的房子。」

「這房子看起來還不賴，但沒有什麼房子能值八十萬美元！」

「事實證明，史蒂芬買的當下確實值得。對於現在來說，可能更為值得。如今許多人想要搬到加州來，因此房價被炒得很高。讓我們來參觀一下你兒子的家吧，你一定會喜歡的。」

我們看見艾德十三歲的孫子賈斯汀正在家做功課。剛開始，艾德有些困惑。只見賈斯汀坐在沙發上，面對一個大大的電視螢幕，旁邊的書桌上放著一台電腦。賈斯汀嘴裡吐出一個數學方程式，螢幕上就出現一個彩色的三維立體圖示。

「那兒有個螢幕，戴夫，是誰在控制它呀？」

「你孫子賈斯汀。」

「怎麼可能呢？是不是有人藏在螢幕後面操縱按鈕或鍵盤？」

「沒有，艾德。那台電腦能辨識出賈斯汀的聲音，並能根據他的指令作出反應。你兒子史蒂芬改進了這一技術。」

艾德一言不發，只是使勁吞口水。賈斯汀問他爸爸是不是可以讓他看一會錄影帶，他爸爸同意了，但是要他最多看幾分鐘。他爸爸說，要注意保護眼睛。

「他的眼睛怎麼了？」艾德問道。

「別擔心，他沒事。他正在服用一種特效藥，很快就沒事了。」

「史蒂芬在哪裡製造電腦？」

「離這兒不遠。你可能覺得有點諷刺——他生產用的很多零件都是向你的競爭對手摩托羅拉購買的。」

「摩托羅拉？」

「摩托羅拉關閉了電視生產線後也轉向了電腦業。但他們的產品是半導體——電腦裡的微晶片，能以極快的速度處理訊息。」

「那他們的工人情況如何？」

「和史泰勒的工人差不多。有些提前退休；有些外出謀生；有些人面臨困境，前途茫茫；有些人留下來學習設計、製造和行銷半導體。但是你一定會對整體的情況感到驚訝。在一九六〇年，摩托羅拉有大約一萬四千名員工，但現今摩托羅拉在美國雇用了七萬人來製造半導體和無線通訊系統——可以隨身攜帶的電話。而且他們現在變成一家國際性公司，全世界員工超過十三萬人。」

「我猜你想告訴我：美國沒有喪失那些生產摩托羅拉電視機的工作機會，而是用一些更好的、生產半什麼體的工作把它們替換了。」

「其實，美國沒有真正替換掉這些工作，更重要的是，那些原本做這些工作的人現在可以從事效率更高的工作了。但是你的想法是對的。美國人的創造力被釋放出來，以改進通訊設備、電腦，以及其他在一九六〇年尚未出現的產品。實際上，星星鎮現在有不少公司從事電腦零件的組裝，你兒子就是向他們採購的。你的一些工人也為這些公司工作。」

我費了好大力氣才把艾德從他兒子家拖出來。在屋子裡面，艾德看著他的孫子，幸福地咧嘴直笑；接著他又饒有興味地和做完作業的孫子一起看《玩具總動員》（*Toy Story*），感覺棒極了。我費了一番口舌才說服他跟我離開。我們還得去找蘇珊，眼見這一夜就快要過去了。

「嘿，我猜蘇珊現在一定有三、四個孩子。我想知道她的丈夫是幹什麼的。」

「我想你會對蘇珊自己的職業更感興趣。」

「蘇珊自己的職業？她不需要自己賺錢養家吧，不是嗎？」

「我不知道她是否必須要賺錢養家，但這是她選擇的。」

「她的丈夫難道是個廢物？」

「不是，但是在過去四十五年裡，女性的生活方式有了很大的改變。一九六〇年只有兩千兩百萬名婦女工作，到二〇〇四年達到了六千五百萬。這不全是因為人口成長，在這段期間職業婦女的比例從三六％成長到五六％。」

「她們怎麼可能都找到工作？我的工人中有不少是女的，但是女性最普遍的職業是電話接線生、教師和護士。她們怎麼都能找到工作？」

「這就得歸功於勞動力市場了，艾德。隨著越來越多的婦女就業，她們不想總是從事傳統的女性職業，她們想試試其他工作，而其他的工作機會也對她們敞開大門。這些工作不是美國傳統的鋼鐵、汽車等製造業，而是在服務業中拓展出來的新領域——保健、金融、製藥業，以及電腦。當人們談起這個過程時，彷彿它是始於一九八〇年代，事實上這已經是老掉牙的故事，在美國進行了至少有五十年之久——以整體就業市場的比例來說，服務業的工作穩定成長，製造業的工作卻不斷減少。製造業的工作減少有兩個原因。一是科技的發展。人們不斷發明新製程，讓工人的生產力更高。第二個原因是，在裝配與生產製造上，同樣的製程讓缺乏技能但工資低廉的外國人，和美國人具有相同的生產力。這兩項改變都讓美國人過得更好——意味著製造業所需的資源，比過去要來得少，因而釋出了人力與資金，來生產新的東西。」

「所以，製造業的就業市場有多大改變呢？」

「從一九六〇年到二〇〇四年，製造業工人所占的比例，從二八％滑落到一一％，連工人的絕對數字都減少，還不只是比例而已。」

「十一%！好驚人啊，戴夫。這美國一定是什麼都不做了。」

「美國做的東西可還不少。儘管相較於一九六〇年來說，製造業的工人減少了，製造業的**產出**卻有戲劇性的成長，幾乎成長了四倍。」

「那怎麼可能？」

「留在製造業的工人生產力提升了。並不是說生產力不高的人被開除，而是留下來的工人得到使他們提高生產力的儀器設備。要完成工作，需要的工人不像過去那麼多了。」

「但是製造業的薪資不是比其他類型的工作高嗎？美國失去那麼多高薪資所得的工作，豈不是損失慘重？」

「相較於製造業，服務業的工作聽起來比較卑微，也似乎比較次等。人們想到的是煎漢堡或賣化妝品之類的工作。有些服務業的工作，薪資是比一般薪資低些。但有許多工作卻是高所得的。律師、醫生、電影明星、電腦程式設計師、財務分析師、顧問，以及保健人員都屬於服務業。在一九六〇年，製造業的工人比其他私人企業的勞工薪資高了一二%。到了二〇〇四年，製造業的薪資還是高出三・五%。」

「那麼你為什麼要失去那些報酬最高的工作呢？你說美國在一九六〇年到二〇〇五年之

間，變得更富有了。但如果我們能把那些製造業的工作比例維持在二八％或更高，我們不是會更富有嗎？」

「正好相反。如果美國保住那些製造業的工作，那才真是窮呢。」

「我才不相信。這不是簡單算術嗎？你一旦失去那些高報酬的工作，當然就會變窮。」

「這要看製造業的工作變少的原因是什麼。美國最偉大的籃球選手是誰？」

「這簡單！張伯倫（Wilt Chamberlain）。他超厲害的！幾年前我開車載著我們一家人到密蘇里大學看他為堪薩斯大學上陣。那天晚上他真是勢如破竹。在職業隊一樣無人能敵，也許除了比爾．羅素（Bill Russell）。」

「張伯倫投籃厲害嗎？」

「不見得，但他很會**得分**。他的投籃命中率很高。身長二一〇公分是比較佔便宜。」

「所以他的進球率比他的隊友高嗎？」

「那當然。」

「好，那你看他的教練可不是個笨蛋嗎？他幹嘛還讓別人投籃啊？如果都由張伯倫來投籃，他們得分不就高了嗎！」

「戴夫。你也許是個不錯的經濟學家，但說到籃球你可就不懂了。如果全部讓張伯倫投籃，那麼到頭來另一隊很快就會追上，而且會讓五個球員都來防守他。他的命中率就會下降。隊友的威脅與存在，才能讓張伯倫有效進攻。」

「所以你的意思是說，我不能假設他投的球越多，進的球就越多。」

「沒錯。」

「製造業也是一樣的，艾德。並非所有的製造業工作報酬都很高。在一九六〇到二〇〇五年間，低收入的製造業工作從美國轉移到了國外。正因為其比例從二八％降到了一一％，製造業的工資優勢才得以維持。那些不再存在於美國的製造業工作，並非製造業的一個任意橫剖面，它們是要求最少技巧的最低支付的工作。如果美國保住了製造業的所有工作，工資就不會那麼高了。這道理就跟張伯倫假如負責投所有的球，他的命中率就會減低一樣。」

「我還以為你不怎麼懂籃球呢。」

「我只是拐個彎講。」

「但如果新的科技讓世上任何地方技能不高的工人都能組裝產品，那麼豈不是**所有**製造業的工作都跑到工資最低的國家去了嗎？假以時日，是不是連薪資較高的工作都要給外國人搶走了呢？」

「重要的並不只是薪資而已。否則美國所有的工作都要流到密西西比州（Mississippi）和阿肯色州（Arkansas）去了。」

「什麼？」

「密西西比州的平均薪資低於加州，或是伊利諾州（Illinois）。你何不把你的電視工廠從伊利諾州搬到密西西比州的某個地方呢？」

「我在星星鎮的工人技術都很高明，也很可靠。我在密西西比州也許找不到那麼手巧又可靠的工人。假如我只在乎工資，或許我只要請十來歲的工讀生就好了。但是並非每個工讀生都有能力在工廠工作，或是管理廠房。這太荒謬了。」

「沒錯，薪資並不代表一切。生產力一樣重要。一般美國工人的技能好過墨西哥或印尼的工人。儘管日本、墨西哥或泰國的工人薪資較低，也不表示在那裡經營工廠就會比較便宜。」

「但我可以理解，美國人為什麼擔心那些低工資的國家會給他們帶來競爭。」

「當然。美國人從一九六〇年起，就很怕日本人搶走他們的工作，因為當時日本人的工資和美國人不能比。而九〇年代後，又怕墨西哥人搶走他們的工作。到了廿一世紀初，又開始怕中國和印度，因為當地的工資低得多——當真是數十年的擔憂。這些憂慮始終沒有過去，操心的人依然憂心忡忡。然而，美國在數十年的憂慮之中，就業率依舊穩定成長，生活水準也不斷提升。擔憂者總是可以找到買帳的人。但是如果有個中國或墨西哥或印尼的農民發現，美國這個最富裕的國家竟然會害怕他們的競爭，你想他們作何感想呢？」

「聽起來的確有點奇怪。」

「這些擔憂背後的主要原因，是對工作與薪資的根本誤解。人們通常假設，工作是一些讓工人跳進來的盒子。幸運的話，就跳到工資較高的盒子裡。否則，就是個壞盒子。用這個觀點去看，國家的目標就是要得到好的盒子，也就是好的工作，那些高薪的工作。如果我們讓外國人自由到美國來賣東西，他們多少就會偷走那好盒子，而留下壞盒子給美國。但是薪資與工作並不是這麼運作的。否則，海地就可能因為發展藥劑業而有錢。或是美國可以因為創造夠多新的ＮＢＡ的特許額度，讓每一個人都可以變成籃球選手，美國的生活水準就自然提升了。」

「我不懂你的意思，戴夫。」

「籃球選手的收入一定比一般人高，那麼假如每一個人都是籃球選手，美國人的平均收入當然就高啦。」

「那太可笑了。如果有成千上萬支球隊，籃球選手的薪資就不可能還是那麼高了。」

「一點也沒錯。這個說法就跟你說製造業的薪資高於其他行業，只要拓展製造業，就可以提升美國的生活水準一樣，都是有邏輯缺陷的。一個國家的生活水準全看人民的生產力，而不是他們擁有什麼樣的職稱。人民的工作並不是隨機得來。它們是人民的技能與欲望的結果。想想假如疾病都消除了，那些高薪的醫藥工作也都會消失。你想那些原本要當醫生的人，現在會改行去當清道夫嗎？不會的。他們會帶著他們的技能與受過的訓練，去學習醫藥之外的東西。會有新的行業被創造出來。有才能又辛勤工作的人就會得到高薪。薪資並不是跟著盒子或職銜走。薪資是因人而異的。」

「但是當某種工作消失時，你又怎麼知道會有什麼新的東西出現？」

「想像有個一九〇〇年代的農人，他因為農業衰退而憂心不已。假設他知道，一百年後農耕人口的數字相較於一九〇〇年而言，將只是個微不足道的小數字。起初他當然會擔心。他會預期大批的失業人口，許多人要餓肚子。他預測會有街頭暴動。還有什麼能夠取代美國的關鍵產業、當時美國人口最多的產業——農業呢？但是如果他能看見未來，看見電視機的發明、先進的農耕技術，還有數不清的其他產業與產品，以及那些產業將出現多少新的工作，那麼他當然也就不會再擔心了。人類的想像力是毫無止境的。美國最偉大的資源就是知識、技術與創意。這樣的市場是不需要有疑慮的。只要你用間接致富的方式，讓美國之外的人去製造你原來自己生產的貨品與服務，那麼你就會比較容易去創造出新的技能與職業。」

「我想服務業應該是不壞的，而且它們至少不用煩惱國外的競爭。你不能去進口理髮工作。或是醫生的健康檢查。」

「這是你的想法。假使事實如此，只要從製造業轉向服務業，到了二〇〇五年，有關自由貿易的爭議就會少得多。結果呢，有許多服務工作是可以進口的。全拜網際網路之賜。」

6 工作外包會威脅到美國的繁榮嗎？

「網際網路？之前你提過了。那到底是什麼玩意兒，戴夫？」

「就是一種將資訊、創意和產品在一瞬間傳送給萬里之外的任何人的技術。」

「我不明白。」

「我們現在去看看蘇珊吧。她在家裡的工作可是和網際網路密不可分的。」

「那是某種手工業？」

「並不盡然。」

我把戴夫帶到了波士頓市郊的蘇珊家，之後我們去了附近的一個公園。蘇珊和她的丈夫正看著女兒和一群小朋友打棒球。

「戴夫，小女孩居然在打棒球？」

「我告訴過你，六〇年代以來世界變化太快了。」

「為什麼這種球的聲音聽起來這麼怪？」

「不是球，是球棒。它是用金屬做的。」

「金屬球棒？」

「有些是日本製的，打不壞，這使得成本下降了。」

「女孩子們打棒球、金屬球棒，真不曉得哪一個讓我比較不習慣。」

棒球賽結束後，我們跟著蘇珊一家人回到他們家中。他們吃過晚飯後，艾德終於有緣一睹網際網路的世界了。蘇珊設立了一個網站，用3D影像技術為顧客訂製個性化的服飾。這個網站能夠連接到許多線上服飾店，顧客可以在家自由地上線試穿。我簡略地為艾德介紹了一下網際網路的工作方式，讓他大略了解蘇珊的工作。

「這個網站是蘇珊一手創建的？」

「可以這麼說吧。一些創投資本家和蘇珊的共同創辦人提供了資金。」

我們看著蘇珊把剛才女兒打棒球的照片放在他們的家庭首頁上。接著她在線上付了幾張帳單，寫電子郵件給一位到歐洲度假的朋友，然後上Google輸入幾個字，查一首老歌。艾德看得目瞪口呆。

「現在她在做什麼？」艾德問。

「把一些歌下載到iTunes上。然後她就……」

「什麼是『eye tunes』？」

你要怎麼跟一個六〇年代的人解釋iTunes和iPod呢？當時只有電唱機和唱盤。你要怎麼跟他說，四十年後，人們可以把一萬首歌拿在手上？我盡了全力。

「戴夫，我都快認不出這個世界了。」

「是啊。網際網路這種妙不可言的工具，已經被廣泛應用到購物、科學、商業交易等領域；人們不但利用它來聯絡老朋友，還透過它來結交新朋友。儘管如此，目前對網際網路的運用仍是方興未艾，發展前景尚難預測。但有一點是可以肯定的：美國的技術水準處於網際網路發展的最前端。這個新興行業已經創造了成千上萬個就業機會，未來的機會更是不可限量。但是網際網路儘管神奇，有些美國人還是認為它對美國的繁榮構成威脅。」

「怎麼說？」

「網際網路讓人們可以用新的方式溝通與工作。其中之一是，它讓工作可以『外包』（outsourcing）。過去外包的意思是，你在公司外尋求某種服務，例如雇用一個特殊公司來處理公司的薪資問題和法律問題。但後來大多指的是聘請國外人士為你工作。因此不只製造業，連服務業的工作也會受到貿易的影響。公司開始在全世界聘請外國人來提供服務。」

「我不懂。我要怎麼聘請一個中國的公司來處理我公司的薪資問題呢？」

「那的確是有點困難。但是同樣奇怪的事情正在發生。有些新的機構會去請印度記者幫他們寫標題。有的公司會聘請外國電腦程式設計師來幫他們寫程式。醫院甚至會送X光照片到印度去，請印度的放射線學者分析。」

「但是這種作法豈不是曠日廢時！誰會想要等著他們的X光照片送到印度，讓什麼印度醫生分析，然後再送回美國？」

「這就是網際網路介入的地方了。網路讓人們能夠在轉瞬之間把資訊送到全世界。你可以不花一點時間，就把X光照片來回傳送到印度。把它當成電報好了。不過那是可以傳送畫面或錄影帶的電報……」

「錄影帶又是什麼玩意兒？」

「抱歉。就是電影。不過並不只是人們可以立即傳送到全世界的文字、畫面和電影而已。人們擔心的最重要的東西，是讓這些電腦運作的程式。」

「程式？」

「你剛看到賈斯汀和蘇珊用電腦做的一些不可思議的事，都會用上『軟體』——電腦的大腦。」

我讓艾德稍微了解其中的錯綜複雜，像是網頁的設計、資料庫的管理、網路連結，以及網路安全等，在網路成為人們生活中的重要部分之際，就創造出這許多工作來。

「這一切聽起來都好得很啊，戴夫。問題在哪裡呢？」

「**過去**是很好。這許多工作的薪資都很高。但是網際網路使得全世界所有的程式設計師、軟體工程師與資料庫管理人員都來和美國人競爭。突然間，許多公司都開始把高薪的美國程式設計師解聘，而去雇用比較便宜的印度程式設計師。公司會在網路上，要求印度公司寫個新的軟體程式。**知識**工作就和製造業的工作一樣，都有國外的人在做，要求的卻是比較少的酬勞。有個預測說，數以百萬計原本屬於美國人的工作，不久之後，都會落在外國人手上。」

「現在我了解為什麼這很嚇人了。外國人偷走最低工資的製造業工作，因為這些工作最好是在海外做，然而現在你卻說，就連最高薪的服務業工作——電腦工作——都要被外國人偷走。那可真是……」

「喂，艾德。外國人並沒有向美國人偷走工作。有些外國人可以用比美國人便宜的價格做一些事，而有些美國人選擇雇用他們，或是購買他們製造的產品。工作並不是被『偷走』。要記得，貿易並不會改變工作的總數，而是改變人們的工作類型。但有人會稱之為『偷』。他們說，如果美國再不做點什麼事來阻止外包的情況，美國人將只剩下最糟的服務工作，他們到頭來只能去幫彼此洗衣服，賣化妝品給彼此，為彼此煎漢堡。他們也攻擊我和我的想法。」

「你！這從何說起呢？」

「他們嘲笑我們先前談到的理論，也就是比較利益理論，我在一八一七年所寫，你和我稱之為間接致富的方法。他們說那已經過時了。老掉牙了。十九世紀的玩意兒。說它再也不合用了。說我沒想到會有個資本流動的世界，或是一個充滿電腦的世界。說……」

「戴夫，你怎麼可能預料到會有這些東西呢。那些話聽起來都像是無的放矢。頗不公平的。」

「讓我覺得困擾的不是不公平。而是它的邏輯。比較利益理論的精髓——間接致富的方法——並不因時代的改變而有所不同。我早在一八一七年，就提出一個簡單的例子——兩個國家，英國和葡萄牙，用羊毛交換酒。但無論是流動資本或電腦或不止兩國或不止兩種貨物，都不會改變這個理論的根本——如果有人販售東西的價格，低於你自己製造的成本，你就應該進行貿易，而不要自己製造。」

「但是美國有許多高薪的工作還是流失了，現在都讓外國人接手了，不是嗎？」

「是的，不過這只是表象，實情並非如此。假設有一天，每一戶美國家庭的門口都出現一部全新的汽車，鑰匙插在啟動器上，前座還有張卡片寫明終身享有免費汽油。置物箱裡有張字條寫道，五年後將有一部免費的新車自動前來替換。你會去開這部車嗎？你會在意這禮物是美國人或外國人送的嗎？」

「當然會啦。如果這是外國人送的，就表示美國的汽車工業完了。你跟我說過，幾年下來，美國的汽車工業已經比較萎縮。再有外國人的免費汽車，它就死定了。」

「所以，如果你是美國總統，你會上電視和廣播警告美國人，說接受這個禮物是很危險的。你會告訴他們，這是木馬屠城記，將從內部摧毀我們的經濟。你會把所有的車子收集起來一一銷毀，以便留住美國的汽車工業和美國的繁榮。」

艾德一陣遲疑，似乎很難接受這個說法。

「怎麼了？」我問。

「好像怪了點，毀掉那所有的車。」

「那麼我們換個說法。假設你有天早晨醒來，門口沒有新車——依然是你目前所開的車。但總統說了類似的一段話。會有個政府官員來把你的車開走，把它推到懸崖底下報廢，埋在那裡。那麼你當然就得去買部新車，不過美國汽車工業的就業率就可以提升，美國的繁榮就會跟著來，不是嗎？可是，真是如此嗎？你想這項政策會讓美國變得比較富有或貧窮？」

「那會讓底特律變得比較富有。」

「沒錯。汽車工業會更加蓬勃發展，但是整個國家會變得窮一點。破壞並不會讓你變得有錢，而是變窮。和它相對的就是通往繁榮的路。免費的汽車──或者只是比較便宜的汽車──就會讓國家變得富有一些。對底特律不好。但是對別人都好。到頭來它對底特律的傷害也會減輕，這並不只是因為你不用再去買部新車而感到快樂而已。另一個效果是，當你不用花錢去買車，這些錢你可以用來做什麼。而且因為汽油免費，你可以多跑很多路。將有一整套新的經濟活動興起。其中有些活動會用上那些停工的汽車廠的工人。但也會有些新的機會給許多初入社會的年輕人。」

「可以理解。」

「有人在抱怨外國人提供費用較低的電腦服務時，卻沒看到這一面。剛開始，它的確讓某些企業的美國人失業，但它讓公司用低廉得多的價格取得電腦服務。過去無法支付電腦費用的公司，現在付得起了。已經在使用電腦的公司，現在的運用更是多元化。人們在擔憂的同時，並沒有看到那許多好處，以及因為電腦科技比過去省錢而產生的許多新事物。結果是，只有薪資最低的工作數量減少了。外國人用比美國人低得多的價錢，從事這些遠距進行的工作。在一九九九年和二〇〇四年之間，人們對工作外包的憂慮最盛，美國的程式設計工作數量減少了二五％。但是軟體工程師的數量增加了五〇％，補足了程式設計上損失的工作之外，還有剩餘。整體而言，高薪的電腦工作增加了一七％，美國勞工在電腦業上的真正薪資也提高了。工作外包使得大多數高科技業的勞工過得更好，因為相關技能的需求增加了。」

「但是如果外國人想出用較低的工資去做好那些工作的方法呢？」

「這下可好了，美國人將再也找不到有趣的工作。美國人只好兩手一攤，拿起洗衣粉，到大型洗衣店去報到，人人都在那兒工作了。」

「喂，戴夫，別那麼⋯⋯」

「抱歉，艾德。我不是故意要變得那麼沮喪。但你擔心該用什麼來取代電腦工作，這是全世界最古老的憂慮了。而且它絕對，不可能成真。看看所有我們今晚談到的工作，它們在一九六〇年代根本都不存在。到了二〇六〇年，更會有一大批我們現在想像不到的工作出現，取代今天美國人從事的工作。今日的好工作也會消失，正如馬車製造商與養吸血蟲的人一樣。他們消失的原因，就是我們找到了更便宜的新方法把事情做好。這是好事一件。」

「什麼是養吸血蟲的人？」

「對不起，那是我亂編的。只要有醫生使用吸血蟲，就一定會有人去養牠們。我不曉得該如何稱呼這些人。到了二〇六〇年，一定會有些新的事物出現，而使得今天的醫療設施看起來就像吸血蟲一樣。帶來那些新產品的創意人士，就會找到資源與時間去尋找那些新的產品，因為這個世界的財富會增加，那些發現總會成真。當人們在擔心印度人會學到如何從事美國人的工作時，還忽略了一件事。」

「什麼事？」

「雙方都因為貿易而獲利。美國人因為使用便宜的印度程式設計師而變得更有錢。印度也得到好處。美國人既然可以用上印度人的技能，我們真的還要只聘用美國的專家嗎？我們真的想要擋住那些貧窮的印度人，讓他們不能在一個較大而富有的市場去發揮所長嗎？這很殘忍。」

有片刻工夫，艾德若有所思，試著接受我們理解與討論的一切。

「我真為我的孩子們感到驕傲，戴夫。他們正在一個貿易國際化的世界裡茁壯成長。這彌補了失去工廠的損失和星星鎮的坎坷經歷，未來看來是很美好的。但我還是有點困惑。星星鎮現在的樣子可真夠難看的，那些停車場、大商店和顏色猙獰的招牌簡直不堪入目。」

「孩子們並不這麼想，他們認為星星鎮就該是這個樣子。如果把他們放到一九六〇年，他們會覺得那時的星星鎮古板老舊、醜陋不堪。」

「話是這麼說。儘管我為孩子們感到驕傲，但如果沒有這些變化，他們的生活也許會更好。至少，蘇珊還可以一直待在星星鎮，再多養幾個孩子。我廠裡那些失去工作的工人現在情況怎麼樣？我怎麼知道在一個完全不同的世界裡，他們會不會過得更好呢？」

艾德很關心他的工人們。我想可以讓艾德更了解這一切，但是我得做些越權的事了。我把艾德帶回星星鎮，在原來威利電器行座落的地方幫他買了一個草莓香蕉口味的優格。他還蠻喜歡的。當他正專心對付那玩意兒時，我找了個藉口跑回天上、提了個特殊的要求。

7 關稅可以保護本國的工作機會嗎？

「嘿，發生了什麼事？我們在哪兒？」艾德問。

我和艾德，此時站在伊利諾州星星鎮市中心，梅恩街和橡樹街的交叉口。時間是二〇〇五年，威利電器行就在我們身後。艾德環視周邊。

「這才是我熟悉且熱愛的星星鎮。」艾德粲然一笑。

「你確定嗎？」

「至少感覺上是如此。這裡的建築和一九六〇年時一模一樣，商店也全都在。只是有一件事令我疑惑：為什麼這麼多人都開福特『費爾蘭』（Fairlane）和雪佛蘭『黑斑羚』（Impala）呢？」

「這裡的人現在都開這種車。」

「那麼克萊斯勒（Chrysler）呢？」

「在八〇年代初倒閉了。」

「怎麼會？而且福特和雪佛蘭怎麼只提供這麼少的車款呢？」

「人們的購買力大不如前了。艾德，你看，如果不進口汽車，星星鎮在二〇〇五年就會是眼前這個樣子。如果法蘭克．貝茲當選總統而且他的第二個法案獲得通過的話，整個美國就會變成這個樣子。他提出的第一個法案旨在『保護』美國人不受外國彩色電視的『騷擾』。他的第二個法案則是將所有進口品拒之門外，並且永遠有效。你眼前所見的是一個自給自足的美國。但是因為沒有進口，美國不得不投入大量資源去生產原來從未生產過的產品。這些產品變得十分昂貴，使得人們再也買不起那麼高檔的車了。這一切變化都是從電視開始的。你的法案在國會能順利地通過……」

「那不是我的法案，那是法蘭克．貝茲的法案。」

「但建議是你提的。法案通過以後，你的公司財源滾滾：銷量上升，產量擴大，雇員增加。為了吸引更多的工人，你將他們的薪水提高了。星星鎮逐漸繁榮起來，發展之快有目共睹，新樓房如雨後春筍般拔地而起。你的工人開著凱迪拉克（Cadillac）和林肯的Continental，有的還買了『巡洋艦』（Corvette）。他們衣冠楚楚，房子越蓋越漂亮。」

「這有什麼不好？聽起來蠻不錯的。」

「是的，對你的工人來說是不錯，但整體而言美國人蒙受了損失。」

「我不同意，完全不同意。首先，假如一些人變富有了，怎麼會傷及他人？你不是告訴過我，日本變富裕不會損害美國的利益嗎？」

「一部分人變富有不一定會損害到其他人，但這種情況是有可能發生的。等一下我會讓你看到這一點。你的第二點是什麼？」

「第二，進口商品並不意味著就業機會的減少，這個問題我們談得夠多了。如果我理解得沒錯的話，我們失去的只是某些類型的工作。但是你也承認，進口會擾亂原有的體制，且會傷害某些人。」

「在短期來看是這樣的。我也承認，這個『短期』對某些人來說也許並不短。」

「既然如此，我認為比較合理的方法是對進口採取某種限制，這會避免自由貿易帶來的陣痛。」

「我們如果讓人們買自己想買的東西，和自己想交易的對象進行貿易，為他們喜歡的雇主工作，就難免有個陣痛期。並不只是國際貿易有這問題。人們如果決心減少熱量的攝取，麵包師傅就得因應。有人做出低卡麵包，別人也得有些其他的作為。人口年齡老化之後，有些產品會變得比較受歡迎，另有些產品則難免要退出市場。自由社會是充滿動力的——它是活的。一個繁盛而充滿動力的經濟意味著有些人難免必須去適應生活帶來的改變。有了選擇的自由，就會有陣痛期，但是當然也會有好處隨之而來。沒有經過陣痛，就無法釋出間接致富的利益——人們以生產力最高的方式運用自己的技能，人們能夠低價購物，用多出來的資源去創造新的機會。沒有短期的利益，但也沒有長期的利益，因為每一個世代都會將它的技能發揮到極致。然而更重要的是，我要讓你明白，限制進口並不能避免這個陣痛階段。首先，讓我們看看電視機進口關稅的影響。」

「但是貝茲議員的法案並沒有涉及關稅，它只是限制外國進口，這對我的工人來說是一種保障。」

「我知道，艾德。你要求的是配額。但事實上，關稅和配額在本質上是一樣的。」

「那怎麼可能？關稅是對外國商品課稅，而配額並不像關稅那樣迫使外國廠商提高價格，它只是限制它們在原來的價格上可以賣出的產品數量，這要公平多了。」

「你等一下就明白了，艾德。讓我們從關稅開始解釋。對進口電視課徵的關稅，既會提高外國電視的價格，也會提高國產電視的價格。它擴大了美國電視機製造商的市場，也限制了外國產品的市場。」

「等一等，戴夫。它為什麼會提高本國電視機的價格？關稅又不是附加在本國電視上，它只是針對外國電視而已。」

「真有趣。你的觀點正是所有美國汽車公司的經理在要求對外國汽車課徵關稅時所說的，『我們不會因為關稅而改變我們的價格。』但不出所料，這個承諾總是被打破。」

「為什麼？如果他們不用付關稅，怎麼可能提高價格呢？」

「讓我們還是以電視機為例吧。想像一下，在課徵關稅之前，性能相同、品質相近的國內和外國的電視都賣二百五十美元。現在美國政府對外國電視徵收二十五美元的關稅。關稅只是對外國商品課稅的一種特別稱呼而已。一個二十五美元的關稅，意味著外國廠商在美國每賣出一台電視，就要向美國政府繳納二十五美元。」

「所以製造商把價格提高到二百七十五美元，這樣就可以和以前賣二百五十美元時賺得一樣多了。」

「沒那麼快。他們是想把價格調到二百七十五美元沒錯，如果他們可以把價格調高到三百美元會更高興。但是一個製造商想做的和能做的是兩碼子事。廠商之間的競爭，會限制住營利的欲望。」

「但是外國的電視機確實是漲價了，不是嗎？」

「是的，他們確實提高了價格，否則他們在高關稅之下還把電視運到美國來賣根本划不來。現在我們不必關心漲價的確切幅度。如果外國電視變貴了，那些原來買外國電視的人就會轉而去買那些品質相同但較便宜的美國電視。如果有比以前更多的人想要同一樣東西，那麼這樣東西的價格就會上漲。」

「但這不公平呀！美國的廠商沒有被課關稅，他們沒有權利調高價格，因為他們的成本根本沒變。」

「或許那不公平。但想想另一種情況。假設美國生產商沒有提高他們的價格，那將會出現什麼情形？」

「他們生產一台電視機賺得和以前一樣多。很公平。」

「但如果他們生產一台電視機賺得和以前一樣多，他們會擴大產量還是會維持產量不變？」

「維持原產量不變。如果沒有一個更高的價格，你是不會開一個新工廠來擴大產能的。在原有價格下，你已經設立了所有有利可圖的工廠。」

「沒錯。但是如果國產電視產量不變，而美國人又因為外國電視漲價而想買更多的本國電視。太多的消費者追逐太少的電視，你想市場上會出現什麼情況？」

「消費者發現，他們想買的電視在他們來店消費之前就已經賣完了。消費者必須在店門口排隊，以確保買得到。」

「所以買電視機的實際價格已經提高了。即使電視機經銷商不提高價格，買到電視的代價也提高了，因為消費者現在必須花時間排隊。」

「我想經銷商終究會提高價格。即使價格提高，它還是可以賣出與以前相同數量的電視，因為來自外國的競爭遭到了關稅的打擊。」

「說得好，艾德。實際上，即使賣主沒有注意到店外排起的長龍，顧客也會爭相支付高價以避免排隊。」

「我明白了，就是說在關稅之下，美國產的電視和進口電視的價格都提高了。」

「實際上，和你剛才的猜測差不多，兩種電視價格的成長幅度常常恰好與關稅相等，其中的道理我們就不深究了。在我們的例子中，不管是國產還是外國貨，二百五十美元的電視機賣到二百七十五美元；擴大的需求和更高的價格使得美國廠商擴大產量，美國建起了新的電視機工廠。對具備製造電視機技術的工人的需求相應增加，他們的工資也提高了。」

「這聽起來對美國人有利——更高的工資，更多的工作機會。」

「對某些美國人來說是不錯，比如說你的工人和股東。電視機漲價使得他們更加富有，但有人會因此變窮嗎？」

「我想那些買電視的人要比原來支付更高的價錢。」

「沒錯。有些人在二百七十五美元這個新的價格下仍然繼續買外國電視，有些人在同樣的價格下買美國電視。價格的上漲使得電視機購買者利益受損，那麼他們現在為電視多付出的二十五美元到哪兒去了？多付給外國供應商的二十五美元，被美國政府以關稅的形式獲得。付給美國製造商的二十五美元，則提高了他們的利潤和工人的工資。」

「那有什麼不對嗎，戴夫？如果這些以稅收、利潤、工資的形式出現的好處抵銷了損失的話，只不過是重新洗牌罷了。」

「從表面上看，它確實像是一次重新洗牌。當然，它意味著你的工人用他們的高工資買的凱迪拉克和林肯，都是來自美國電視機消費者的錢包。每位消費者都要放棄價值二十五美元的其他商品，你的工人才會變得有錢。工人的收入增加得比較多，是因為與電視機消費者的眾多人數相比，工人為數甚少。因此，每位消費者購買電視機的損失只有二十五美元，而每位工人的收益則大得多。」

「我還是看不出這有什麼不好。」

「人們也許會認為這是一種勒索。你的工人從電視機消費者的口袋裡榨出錢來，用的是什麼方法？不是因為你製造的產品更好，也不是因為你的成本提高，市場上電視機供應量不足，而是因為政府限制了競爭行為。不過，或許我們不應該考慮這個哲學範疇的問題。誠然，你的工人開著高級車，這容易讓人產生錯覺，認為美國人的生活水平都是這麼高；但是你看不見電視機消費者受到的損失。某些美國人從中得益，另一些人卻因此受害。」

「好吧，就算你說的是對的，一些人受害的同時也有一些人富有了。但或許整體利益會大於損失呢？」

「遺憾的是，事實證明，損失大於利益。」

「你怎麼知道呢，戴夫？」

「不論是進口電視還是國產電視都比以前貴了二十五美元，這就意味著每一位消費者都比關稅實施前損失了二十五美元。」

「戴夫，別忘了，每位賣主不是同時都多賺了二十五美元嗎？這只是一種重分配。」

「並非如此，每位賣主增加的收入少於二十五美元。」

「少來了，戴夫。一個人損失二十五美元，不就等於另外的人多賺了二十五美元嗎？」

「有點不可思議，是不是？我解釋一下吧，艾德。如果電視的價格上漲，你卻沒有作出任何反應，那麼你從每台電視機所獲得的利潤確實會增加二十五美元，消費者的損失被你的利潤抵銷了。但是電視機價格的提高，會促使你生產更多的電視機。然而，那些額外生產的電視機的成本和你以前生產的那些相對少量的電視機成本不一樣，你新生產的電視機成本要高一些。因此，你從每台新生產的電視機中所獲得的利潤要少於二十五美元。」

「為什麼？」

「比方說，你不可能把兩間工廠經營得像只有一間工廠時那麼有效率。你為第二間工廠雇用的經理人不會像前一間工廠的那樣有經驗，而且你很難同時照料好兩間工廠。結果，你在每台新電視機上所獲得的利潤會少於二十五美元。」

「但有些時候擴大產量可以降低成本。你沒有聽說過『規模經濟』（economies of scale）嗎，戴夫？」

「我了解這些年的新理論，艾德。是的，我聽說過規模經濟。但是你為何偏偏要等到關稅實施了才來擴大產量、降低成本呢？有遠見的經理人應該早已充分利用所有可能的規模經濟。針對關稅所作出的擴大產量決定會提高你的成本。這就是為什麼關稅對美國而言並不是一次盈虧相抵的重分配，對消費者造成的損失要大於廠商和工人的收益。」

「那怎麼可能，戴夫？我還是不明白為什麼盈虧不能相抵。」

「你要了解人們對誘因所作出的反應。你的公司回應誘因的方式，便是擴大生產。那就意味著有更多的資源被投入生產電視機，而那可不是免費的。因為你認為生產電視比原來的利潤高出二十五美元，結果美國有更多的資源投入到電視機上。美國整體來說變窮了。」

「這就是故事的結局？」

「不是。電視機製造商並不是唯一對誘因作出反應的人。讓我們再看看這一事件的連鎖反應。給外國商品課稅提高了對國產電視機的需求，降低了對外國電視機的需求。國產電視的價格同樣也漲了。美國的產量擴大，但是進口減少了。美國人購買的電視機總量如何變化？雖然美國的產量擴大了，但是總購買量卻下降了。進口量的減少總是會大於用美國資源生產的電視機的產量增加。」

「為什麼？」

「因為所有電視機的價格——不管是國內生產或國外生產——都提高了。除了價格提高以外，人們願意購買的電視數量不受其他因素影響。今天電視機變得更貴，人們的購買量就會減少。整體上來說，美國人的生活水準下降了，因為供他們享用的電視機減少了。」

「等一等，戴夫。假如美國人購買的電視減少了，他們就會有更多其他的東西。你說當一些人因價格上漲而損失二十五美元時，還有一些人根本就不買電視了。但是這也就是說，他們拿沒有花在電視機上的二百五十美元去買別的東西了，所以他們會擁有更多其他的東西。」

「沒錯。但是我們要知道，不管他們用二百五十美元去買什麼，對他們來說都不會像電視一樣有價值。」

「你怎麼知道？」

「我們假設，一個原本想花二百五十美元買電視機的人現在買了一套衣服。在徵收關稅之前，他可以自由選擇是要用這二百五十美元買衣服還是買電視機，他選擇了電視機。這個選擇告訴我們，當它們價格相等時，電視機會比衣服對他更有用，或給他更多的快樂。但是對電視機徵收關稅之後，你剝奪了上述權利，強迫他在一套二百五十美元的衣服和一台二百七十五美元的電視機中作出選擇。你迫使他選擇衣服而非電視機，這使他變窮了。他的損失就是從這兩樣東西中獲得的快樂之間的差距。」

「戴夫，至少你也承認，關稅為美國創造了更多的就業機會。」

「你再說一遍好嗎？」

「我說，至少你得承認，關稅為美國創造了更多的就業機會。」

「艾德，你是個好人，一個聰明的人。但在我們談了這麼多之後，你怎麼還能說關稅創造了工作機會？」

「不是嗎？我不是比以前雇用了更多的工人嗎？那不就是增加了就業機會嗎？」

「艾德，你還記得間接致富的道理嗎？」

「當然。」

「你說說看。」

「有時候，間接生產電視機會比直接生產要便宜。有兩種方法可以生產……」

「對。但你是否意識到，我們現在談論的話題和間接致富之路的關係呢？」

「我不太明白。間接致富是涉及生產成本的一種理論，而我的工人增加和工人工資上漲並不是什麼抽象的理論，那些變化是真實的，他們開的那些車是貨真價實的。工作機會的增加肯定對美國有好處。」

「真的嗎？讓我們回到新澤西州的拉維市（Rohway）看一看。」

我們閉上眼睛，又一次飛到東北部。

「你看見了什麼，艾德？」

「什麼都沒看見。」

「你知道我們在哪兒嗎？」

「像是一片玉米田。」

「是的，這塊地曾經是默克醫藥公司所在地。」

「公司搬到哪兒去了？」

「哪兒也沒去，其實這家公司根本就不曾存在過。記住，我們現在是在所有進口產品都被拒於門外的二〇〇五年。沒有自由貿易，默克醫藥公司的這家工廠就永遠不會成立。整體而言，製藥公司和製藥業的工作都比較少了。」

「為什麼，戴夫？這與電視機關稅有什麼關係？」

「如果美國自行生產各種產品來取代進口，有些美國廠商就會擴大生產，給人一種好像工作機會增加的感覺。美國以前進口的一切，現在都得自己做了，包括電視、鞋子和手錶等等。但是，做這些工作的人必須從其他行業調來。」

「聽起來很沒道理，戴夫。你是要告訴我，正是因為美國停止進口電視機並且擴大國內生產，所以默克醫藥公司永遠不會建立這家工廠嗎？」

「是的。」

「那怎麼可能？」

「在某種意義上，一家電視工廠擴大生產，和一家從未建立過的醫藥工廠看來毫無關係，但它們在很多方面上是密切相關的。因為你和美國其他電視製造商雇用了更多的工人，所以這家工廠就沒有員工了。」

「這沒道理，戴夫。你以前還承認說，電視機工廠的工人不可能一夜之間變成化學專家。化學專家又怎麼可能一下子就變成電視機工人呢？」

「變化不是一夕之間發生，但是可以發生在他們的孩子身上。你看不出來嗎？況且，在製藥公司工作的人，並不必然就是化學專家。在自由貿易之下，因為貿易機會而有些公司擴張了，你的工人會在這些公司找到工作——也許是擴張後的出口公司，或是因為美國人有了多餘的資源，而買了一些公司。你工人的孩子們可能變成默克或其他擴張後的公司的化學專家或行銷人員。然而，若沒有了自由貿易，製造電視機一下子變得比化學更有吸引力，孩子們就不會上大學去學化學了。」

「為什麼不呢？」

「因為化學專家的工資變得比自由貿易的情況下要低。還是會有化學家的存在，只是不會比在自由貿易的情況下多。」

「為什麼？」

「有兩個原因。第一，就像你之前承認過的，如果電視機工業擴張，電視機工人的工資就會提高。但是第二個原因就不這麼顯而易見了：沒有進口，通過間接途徑對藥品的需求就會比以前還要少。結果化學專家的工資比以前更低了。」

「為什麼需求會減少？」

「美國允許自由貿易之後，電視機工業的工作減少，製藥工業的工作增多。美國不會保留它製造出來的所有藥品——有些會賣到日本去換電視回來，記得嗎？」

「當然。所以有了自由貿易，有些製藥業的工人基本上是在生產電視，是嗎？就是間接致富的路。」

「說得好，艾德。所以如果美國不再進口電視，到頭來會怎樣？」

「對美國電視的需求會增加，就業率也會提升。這我明白。但我還是不懂，為什麼製藥業的工作就非得減少不可。」

「你越來越清楚了。有兩個原因。電視機工業必須有工人才行。那些工人會來自製藥業，因為日本對藥品的需求會降低。」

「這就是我不懂的地方。難道日本人就不需要救命的藥了嗎？」

「當然需要。但他們用什麼來買呢？」

「美元。」

「那些美元又從何而來？別忘了，美國人不再買日本電視了。在限制貿易之前，美國可以通過間接途徑生產一些電視機——美國生產藥品，用藥品來換電視機。隨著進入美國的日本電視變少，日本人手中的美元也就變少了。對於日本以及那些與美國做生意以賺取美元的國家來說，他們用美元支付所購買的商品就減少了，比如說藥品。美國的出口業就會遭受損失。」

「我不太明白，戴夫。就因為日本人手裡的美元減少了，他們就不再那麼有興趣買美國的產品了，這讓人難以置信。」

「貨幣這個媒介掩蓋了美國人和日本人之間真正的相互影響。假設你是一個農民，你種植農作物。由於務農的專業化，你就會在這方面成為一名專家。鎮上有一個裁縫擅長做衣服。你與這個裁縫進行交易，用你自己種的糧食交換裁縫做的衣服。一天晚上，你在就寢前吃了一種『傻瓜藥』。第二天一早醒來你突然變傻了，自言自語道：『肥水不落外人田，我不能讓別人搶去做衣服的工作機會。我要禁止進口衣服。』於是，你對鎮上的裁縫宣布，你不再進口他們的衣服了。你認為你賣給裁縫的糧食會有什麼變化？」

「它們會減少。」

「它們不是減少了，而是根本沒有了。你知道為什麼嗎？」

「如果我不要他的衣服，他就拿不出東西來交換我的糧食。」

「完全正確。你拒絕進口衣服就等於說你不想拿糧食交換衣服。同時，你也沒有透過多賣些糧食給為你幹活的木匠，以彌補糧食銷售量的減少，木匠也不會比以前對你的糧食更感興趣。當美國對電視機徵收關稅時，同樣的事情也會發生。美國對全世界說：『我們要縮減我們的貿易量了。』結果美國生產了更多的電視，而減少生產原本可用來交換電視的其他東西。進口和出口是密不可分的。」

「所以美國電視機工人的增加，會被那些出口部門的工人減少給抵銷了。」

「完全正確。這就是為什麼關稅不能避免外國競爭引起的短期困境。關稅自身也會引發短期困境，只是更難察覺罷了。」

「就業的增減恰好能抵銷掉嗎？製造電視機的就業擴大是否恰好等於出口產業的就業損失？」

「這問題本身就是錯誤的。美國的工作數量是由美國的人口和想要工作的人口比例決定的。真止的問題不是工作的數量，而是工作的種類。美國應該創造最佳的機會，讓人們能在最適合其技能的領域裡工作，否則就等於喪失了創造財富的機會。關稅給美國人帶來兩種損失：電視機漲價，美國人買的電視就少了；而那些仍然供美國人使用的電視機是在無效率的高成本下生產出來的。為了生產電視，美國犧牲了更多的資源。」

「這是為什麼，戴夫？」

「那個曾經以間接方式生產電視機的默克醫藥公司，已經被直接生產電視的史泰勒電視機工廠所取代了。你還記得默克醫藥公司如何生產電視嗎？他們生產藥品賣到日本換回電視。讓我們以默克公司的某種特定產品為例吧。假設默克公司生產一定數量的該藥品，所得到的日圓恰好可以買一台日本電視。把這些藥品賣到日本，相當於以間接的途徑生產了一台電視。而生產這些藥品的成本要比你們直接生產一台電視的成本低，因此默克公司能更有效率地生產一台電視。你可以把你工廠的資源投入到醫藥工廠中，或許還可以讓美國多出一些資源去生產其他有價值的東西。」

「在自由貿易下電視便宜了許多，我已經親眼目睹了。讓我們去看看以直接的方式生產電視，其價格會如何。」

我把艾德帶到威利電器行，在那裡我們看到了一些在關稅環境下的二〇〇五年電視機，它們數量變少了、選擇也少了，且比在自由貿易條件下的電視貴了許多。

「戴夫，為什麼？為什麼會這麼貴？」

「這就涉及到我們先前談過的比較利益理論了，或者說間接致富之路。那個自己做衣服的農民變富了還是變窮了？因為他自己在家裡做衣服，所以他看起來變富了；但是，實際上他變窮了。由於他未能在糧食種植上集中心力，他的專業技術水平因此下降。做衣服的成本是很高的，因為這意味著放棄了原本可以更有效運用在種植上的時間和技能。今天，你所看到的實行貿易限制的美國，和這個道理差不多。現在，美國是一個自給自足、事必躬親的國家，結果它缺乏足夠的人力、機器和土地，來生產像在自由貿易下那樣便宜的東西。本來可以釋放出來用於製藥業、電腦業……」

「我兒子史蒂芬怎麼樣了？」

「我們現在就去看他。但出發之前，你得先想想拉維市那家從未建立的工廠的情況。」

「那家藥廠？」

「是的。就許多方面來看，這正是問題的癥結所在。」

「一個從沒存在的東西怎麼成了癥結所在呢？」

「當進口導致一個工廠被迫裁員時，我們往往會感同身受，並為此唏噓不已。但是當關稅剝奪了一家藥廠的工作機會時，這種聯繫卻是間接且不易察覺的。沒有人會因為拉維市的經濟困境而指責關稅政策，但這種困境確實存在。人們都相信關稅可以避免電視機和汽車業的工人失業，卻沒有看到醫藥業的工人失業。當電視機工廠拔地而起時，人們為關稅大唱讚歌，卻沒人想到那些本來可以建起來的製藥廠和電腦工廠。要看到一些本可存在卻沒有出現的東西是很困難的。

「艾德，這兒還有一件很諷刺的事。當一個美國人買美國汽車時，他認為自己替美國人提供了工作，因此沾沾自喜。他不在乎所買的汽車，其一半或一半以上的零件都來自太平洋彼岸、加拿大或墨西哥。美國汽車製造商使大多數美國人確信，買美國車對美國人的就業有好處。但是你看到問題在哪裡嗎？一個買日本車的美國人同樣也幫助創造了美國的就業機會，只不過不是在汽車業罷了。購買日本車，刺激了和日本進行貿易的產業，就等於幫助了波音公司的工人、寶鹼的化學專家、默克醫藥公司的工人、迪士尼的卡通設計人員，以及在那些向全世界出口美國高科技的行業工作的工人。這不是一個有沒有創造工作機會的問題，而是創造出什麼樣工作機會的問題。」

「我明白了，戴夫。但是你要知道，讓人們看到事情的所有效應是多麼困難。」

「我知道。正因如此，才會有那麼多貿易保護主義的政策。當法蘭克．貝茲提出一項保護電視機工業的議案時，誰會支持它？」

「比如說我的工人。」

「他們支持的程度如何？」

「這對他們來說可謂生死攸關。他們會給法蘭克寫信；當他從華盛頓來訪時，他們會跑去見他。電視機工會將為他效命，工人們會在下屆選舉時投票給他。」

「誰會反對法蘭克的議案呢，艾德？」

「消費者。」

「對。但這件事牽涉到的消費者利益太微不足道了。對消費者而言，這不過是二十五美元的問題，而不像你的工人那樣努力爭取的數百美元利益。當然，消費者也就不會那麼積極地參與這件事了，反而會為自己斤斤計較的行為感到內疚。他們聽到的千篇一律的宣傳，都在喚起他們支持本國產業的愛國責任感。告訴我，艾德，你認為什麼是一個消費者的愛國責任感？」

「我以前總以為自己知道，但是現在看來事情比我想像的還要複雜。我希望人們買我的電視；但是如果他們不買，我猜想這不會損害美國的利益，充其量只是會幫助一些美國人並傷害另一些人而已。」

「但是許多消費者並沒有看到這點，所以當他們買外國商品或者反對貿易保護時會感到內疚。當然除了消費者，還有一群人應該反對貿易保護主義。」

「那些默克醫藥公司的工人，對嗎？」

「對，艾德。但不幸的是，他們根本沒有機會。」

「為什麼？」

「一個原因是，電視機工人從關稅中獲益是顯而易見的，而哪些行業遭到損害就不那麼明顯。更糟糕的是，這些行業可能還未出現，更別說要去為自己的利益奮鬥了。比如說，一個保護電視機工業而傷害電腦業的法案應該遭到電腦業工人的反對，因為他們發揮自己才智的機會被剝奪了，但是他們也許還沒有從事電腦業。想想史蒂芬，你的兒子……」

「我們可以去看看他嗎，戴夫？」

「艾德，我保證你馬上會看到他。但是先想想四十年前的史蒂芬。一九六〇年史蒂芬還是個孩子，他不能理解對電視機工業的保護怎麼會損害和外國進行貿易的公司，他不了解對電視機工業的保護怎麼會把資源都投入電視機工業而阻止電腦等其他國內產業的擴大。你怎麼能指望一個孩子，甚或是一個大人，去反對一個在三十年來都感覺不到其影響的法案呢？但必須要有人能夠高瞻遠矚，確保他們的孩子能獲得追求遠大夢想的機遇。你不覺得嗎，艾德？」

8 關稅與配額

「這完全有道理，戴夫。但是法蘭克．貝茲最初的議案只是配額，不是關稅。在我看來它們是完全不一樣的。」

「是不一樣，但我猜我們所想的不是同一回事。你認為區別在哪裡？」

「關稅就像是對外國人徵收的稅，但配額只是減少了可以進入美國的外國產品數量。配額使美國消費者購買美國製造的產品而非外國產品。」

「艾德，如果能買到的外國電視數量減少，你認為會出現什麼情況？」

「我想外國電視會變得更貴。」

「如果外國電視的供給減少，價格升高，你覺得國產電視的需求會如何變化呢？」

「需求量增加，價格也會隨著上漲，是吧，戴夫？聽起來還真的跟關稅差不多。」

「對，在配額的情況也會發生同樣的連鎖反應。由於價格上升，國產電視製造商會擴大生產；美國產的和外國產的電視價格最終都會上漲；價格的上漲損害了消費者的利益；美國人享受不到昔日那麼多的電視了。結果是，以直接方式在國內製造的電視太多了，而以間接方式生產的電視太少了。」

「我還是有些不明白，為什麼電視機的總量會下降？為什麼美國電視的產量擴大，不能彌補因配額所引起的外國進口量的減少呢？」

「我來解釋一下吧。配額導致來自國外的供給減少，隨之引起電視價格上漲。電視價格上漲又會導致美國電視的產量擴大，但是擴大幅度不可能等於或者超過外國供給減少的數量。假設它與進口的減少恰好相抵，那麼為美國消費者提供的國產和進口電視的總量就回到原來的水平。但是如果產量回到原來的水平，那價格也就會回到施行配額之前的水平，如此就會導致自相矛盾：為什麼像你這樣的美國廠商，在價格不變的情況下要擴大生產呢？如果你是一時失誤，當你看到價格和原來的價格一樣時，你會關閉一些工廠。不是所有的新工廠在原先的價格水平下都能獲利，要是那樣的話你以前就會開設這些廠了。配額的淨效果應該是總供給量減少，國產和進口電視的價格都會提高。」

「這聽起來更像關稅了。」

「事實上，你可以設計一個配額，使它與關稅完全相似。假設在沒有關稅和配額的情況下美國進口兩千萬台電視。再假設當你課徵一個二十五美元的關稅時，價格會從二百五十美元上升到二百七十五美元，而進口量會降低二五%，變成一千五百萬台。現在，如果你把進口量限制在一千五百萬台，則電視的價格也會產生相同的變化，同樣漲到二百七十五美元。」

「在這兩種情況下，關稅和配額有什麼區別嗎，戴夫？」

「在上面我所描述的例子中，一千五百萬的配額和二十五美元關稅所產生的效果幾乎是完全相等的。在兩種情況下，電器行裡的電視都會賣到二百七十五美元。不同的是，在關稅的情況下，上漲後的價格，一部分以稅收的形式被美國政府拿走了。」

「這是怎麼回事？」

「由於有二十五美元的關稅，進口商就要為每一台電視繳納二十五美元給美國政府。所以，當消費者在進口電視上損失二十五美元時，至少有些人會從美國政府這二十五美元的財政收入中受益，如果政府合理花費這二十五美元的話。記住，從所有美國人的情況來看，二十五美元本身的損益相互抵銷了。」

「你為什麼說『本身』？」

「因為錢從消費者的手裡到了政府的手裡，又到了政府支出的受益者手中，這只是一種財富移轉而已。一個消費者損失了二十五美元，而另一個人——政府支出的受益者——則多得了二十五美元。錢從一個人手中轉移到另一個人手中是否公平，這是另外一個問題。」

「但是如果一個美國人有所得，而另一個人有所損失，那麼以美國整體而言，不就沒有差別了嗎？」

「金錢易手之後是相互抵銷了。但是這易手的二十五元對人們的行為所產生的效應是無法抹殺的。人們看電視的時間少了，因為美國人花了太多的資源直接生產電視，而不透過間接的方式取得。這並不能算是扯平了。這是淨損，它讓美國人變窮了。假設美國沒車的人開始偷車。從某方面來說，偷竊只是把車子換到竊賊手中，而不屬於原來買這部車的車主。你也許會說，偷竊只是一個相互抵銷的轉換動作，不過是資源的重新分配罷了。但是這個說法忽略了人們對這種威脅做出的反應。你把你的車鎖在車庫裡，你會鎖上車門，你會在車上裝防盜設施，你要求本地的政客加派警力在街上巡邏。這許多反應都耗費了真正的資源，也就是時間、金錢與人力，這些在國家經濟的其他地方都會有更好的生產力。關稅或配額也是一樣的。它們造成了危害，並不只是金錢的易手而已。它們改變了國內的生產與消費行為。它們讓美國變窮。」

「那麼，配額和關稅有什麼不同呢？」

「在配額的情況下，你仍然會因為電視購買量的下跌，以及用來直接生產電視的資源過多而遭受損失。但是消費者為外國電視額外支付的二十五美元，若不是落在美國進口商的手中，就是給了外國製造商。如果是後一種情況，外國製造商等於多賺了二十五美元，用以購買藥品、電腦等美國產品。」

「那有什麼不好嗎？」

「在關稅情況下，二十五美元產生的對美國產品及勞務的購買力，最終會落在美國人手中。而在配額情況下，那二十五美元就可能最終會落在外國生產者手中。外國人會購買更多的美國產品和勞務，使得美國人自己享用的電腦、藥品和其他商品變少。關稅保證那些商品還留在美國人手中。」

「但是你先前說過，如果外國人手裡有美元，他們就會刺激默克醫藥公司和波音等美國公司的出口。」

「確實可以，但是如果外國人留著美元而不『刺激』我們的出口，這對美國來說會更好。美國更願意擁有免費的電視，而不必拿藥品和飛機去換電視，如此美國人就可以消費更多的藥品和飛機，而不是日本人。但是日本人不會願意平白把電視機送出去，他們希望能換回些什麼。我們討論的是：究竟是美國人還是日本人會擁有這二十五美元？如果是美國人而不是外國人擁有這額外的二十五美元，那對美國來說總是更好些。如此一來，這額外的價值二十五美元的商品就會留在美國而不是流入日本。」

「到底是誰決定，是美國進口商還是外國供應商獲得這額外的二十五美元呢？」

「這就要看配額的形式了。在標準的配額情況下，政府發給進口商進口許可證，允許他們進口一定數量的受限制商品。在這種體系下，能夠幸運取得許可證的進口商獲得了這額外的二十五美元，因為他們可以更高的價格出售商品。」

「又是什麼決定了哪些進口商是幸運兒呢？」

「呵，事實上，這和幸運沒什麼關係。如果是徵收關稅，政府就會把從每台進口電視機上得到的二十五美元花在政府支出項目上。如果是配額，政府也可以得到二十五美元，但是是以發放進口許可證的形式獲得。你可以想像，許可證不是隨便發的。」

「我想進口商一定會爭先恐後地去討好政府官員，以便成為政府慷慨行為的受益者。」

「我完全同意你的觀點。從整個經濟的角度來看，這種競爭是資源的浪費，是配額的額外成本。有時候政府把許可證發給那些過去的進口商，但即使是這種貌似公正的選擇也會遭受各種壓力。」

「配額怎麼會讓外國供應商得到價格上漲後額外的二十五美元收入呢，戴夫？」

「如果政府規定一個『自願』的配額，這種情況就會發生。」

「什麼是自願配額？」

「自願配額是指，外國主動把出口限制在一定數量之內。配額有時候被稱作『自動出口設限』（VER; Voluntary Export Restraints），或是『自動設限協定』（VRA; Voluntary Restraint Agreements）。除了名稱之外，配額與『自願』這個概念再沒有什麼聯繫了。真正起作用的是一種醜惡的敲詐作為。美國政府會告訴日本政府說：『我們希望你們限制進入美國的日本汽車數量，每年要達到這樣這樣的標準。』」

「如果日本說不呢？」

「如果他們說不，美國政府可以施加一個『真正』的配額。」

「這種表面上是主動行為的配額有什麼好處？」

「一個好處就是，美國的政府官員不必為配額政策表示官方支持。另一個好處是，原則上它的靈活性更強。在理論上，美國政府可以要求日本人放寬或者緊縮配額而不必得到國會的批准；在實踐上，它更像是法定的配額。但不同的是，誰將從漲價中獲益。在標準的、非自願配額情況下，美國進口商控制著少量的許可證並從消費者付出的高價中獲利；在自願配額情況下，是外國政府在決定誰能進口商品到美國，這些稀少而寶貴的權利是在外國政府而非美國進口商手上。當進口商爭取到這些稀少的外國商品時，價格同樣會提高二十五美元，但這次是外國人拿到了這二十五美元。」

「美國有沒有使用自願配額去限制過進口？」

「如果法蘭克．貝茲在一九六〇年入主白宮，這種情況就不會出現了。他的當選意味著美國會走上一條排斥進口、自給自足的道路。在這種情況下，星星鎮就會是我們現在看到的這個樣子：和一九六〇年沒什麼差別，人人都開福特和雪佛蘭車。在這樣一個環境下，配額完全沒有意義，因為根本沒有進口。」

「如果法蘭克．貝茲沒有當選，美國的情況又會如何呢？」

「美國就會走上一條自由貿易日益興盛的康莊大道。我們在今晚早些時候看到的，就是這種情況。但即便如此，有時還是有許多美國廠商利用關稅、配額等手段來限制外國的競爭。比方說，美國在一九八一年時要求日本『自願』限制出口汽車的數量。你可能已經知道了，這種限制既提高了消費者購買進口汽車的價格，也提高了美國汽車的價格。經濟學家預測，這一日本進口汽車的『自願』限制，會使每輛美國汽車貴四百美元以上。這就意味著，由於對進口的限制，美國消費者在一九八四年額外支付了四十億美元給美國的汽車製造商和工人。無論是『自願配額』還是法定配額，其影響遠大於此。」

「比如說？」

「許多日本汽車製造商在美國建廠以避開限制。這看起來好像是保護了美國的就業，但它只是保護了汽車製造業的就業。如果配額被取消、進口的日本汽車增多的話，那些對日本出口的產業就會有更多的工作機會。而且，這樣還可以增進美國人的生產專業化、熟練程度提高、創新能力增強——也就是間接致富的道理。此外，日本人在美國建廠比他們在本國或其他地方建廠效率要低一些。」

「也許日本人到美國是想更靠近美國消費者呢？他們可以節省運輸費用，並更了解美國消費者。」

「如果這種行為有利可圖，他們在沒有配額的情況下就會這麼做了。日本的汽車公司是在『自願』配額生效一年以後的一九八二年，才開始在美國建廠的。從一九八二到一九九〇年間，六家日本汽車公司在美國建廠。但汽車只是『自願』配額的眾多例子之一。」

「還有什麼別的實例？」

「例子不勝枚舉。你肯定對電視機的例子情有獨鍾。記得我告訴過你，與你競爭的美國廠商已經停止生產電視了嗎？」

「記得。」

「事情是這樣的，外國公司的競爭使得天尼世（Zenith）公司的利潤開始下降。這種壓力的作用與關稅恰恰相反。由於外國競爭者的價格降低，美國製造商也被迫降價與之競爭。天尼世公司控告其外國競爭者傾銷，並且要求政府予以制裁。」

「它勝訴了嗎？」

「雖然政府對於傾銷的定義十分靈活，但它終究還是輸了。然而在案件的審理過程中，它也從法律上得到了一些安慰，政府實施了一個所謂的『有秩序銷售協議』（Orderly Marketing Arrangement）。」

「真拗口。」

「它只是自願配額的一種大而無當的稱呼而已。它實際上是對電視機的進口限制。」

「有用嗎？」

「與發生在汽車製造業的情況一樣，它促使外國廠商在美國建立生產線以避開這條法規。正因如此，在我們以前訪問過的自由貿易世界裡，你才得以把工廠賣給日本人並且他們還繼續經營著芝加哥附近的那家工廠。即使在那個『有秩序銷售協議』失效後，外國廠商也繼續在美國建廠，害怕今後還會有諸如此類的法令。諷刺的是，當外國公司把工廠移到美國來時，天尼世公司正把工廠轉移到墨西哥。」

「這聽起來真荒唐。」

「有點匪夷所思，是吧？天尼世公司透過讓政府施加配額，迫使競爭者在美國建廠並且使用工資很高的美國工人；同時它自己卻在低工資的墨西哥生產大部分產品。」

「這樣有沒有用？」

「沒有。當天尼世公司輸掉了傾銷訴訟，它就徹底崩潰了。支持自由貿易的人對法院的裁決讚頌不已，而保護主義分子卻認為這個裁決愚蠢幼稚。但是那些保護主義者永遠不能解釋，為什麼電視機價格相對於工資來說一直保持在相當低的水平上，就像我們訪問電器城時看到的那樣。」

「配額還有什麼其他後果，戴夫？」

「精力和主動性就像所有商品一樣，不是無限供應的。在自由貿易的世界裡，美國製造商必須在創造性方面跟上並超過外國人才能取得成功。在貿易受限的世界裡，他們把時間花在遊說政客上，以爭取更加嚴格的貿易限制。還記得你第一次去華盛頓會見法蘭克·貝茲談保護電視機工業的事嗎？那次旅行占用了你的時間和精力，不是用於尋求生產電視的更好方法，而是用來遊說法蘭克·貝茲把你的競爭對手排斥在美國大門之外。當你如願以償，法蘭克・貝茲提出的保護電視機工業的法案通過時，外國競爭的消失是否促使你增加花在產品改善上的時間？艾德，你再說說看，你是怎麼看出來人們在沒有進口的美國，開的汽車都是福特『費爾蘭』（Fairland）的呢？」

「這還用問？戴夫。我知道福特『費爾蘭』長什麼樣子。」

「好吧，但是它在二〇〇五年和在一九六〇年時一模一樣。想知道為什麼嗎？」

「我明白了，原因是競爭減少了。但是車型變化少難道沒有好處嗎？你可以節省設計和重組的費用。」

「也許。但是大多數消費者喜歡變化。針對那些不喜歡改變的消費者，有些公司可以在許多年內保持款式不變。但是這些節省開支的利益與其他更重要的影響相比就是次要的了。最重要的變化是：沒有外國競爭，美國汽車製造商就會變得懶惰、不思進取、創造力匱乏。滿街都是福特『費爾蘭』，這就是一個很好的例子。」

「但戴夫，這可是一款好車啊。」

「是的。但是剛才我們沒有機會去好好看看，在自由貿易下二〇〇五年的汽車是什麼樣子。還記得你在電影院停車場上靠著的那輛本田『雅哥』嗎？它配置了CD音響，有個XM的衛星廣播收音機，還有GPS衛星導航系統。它還有……」

「喂喂，等一等。太多生字了。解釋一下。」

我跟他說明何謂CD音響、XM的衛星廣播收音機和GPS衛星導航系統。艾德承認這些配備都很好。

「相較於『費爾蘭』，」我繼續說道：「在發生撞擊的時候，本田的車即使安全氣囊和防鎖死剎車系統都故障，它在結構上也比較安全。而且一加侖的油可以跑上兩倍的里程。它不耗油，也比較少發生故障。」

「安全氣囊和防鎖死剎車系統是什麼東西？」

「它們是福特『費爾蘭』不可能配置的安全裝置。福特公司後來終於設計出一款可以和本田相媲美、叫做『金牛貂』（Taurus）的車款，這款車囊括了本田『雅哥』的所有性能並再突破。曾有一段時間，它是美國最暢銷的車款。如果本田『雅哥』被美國拒之門外，你說福特會製造出『金牛貂』嗎？」

9 大城市之旅

我看得出，討論了半天的經濟問題之後，艾德顯得有些疲倦。所以我決定讓他休息一下，而逛逛大城市是個好辦法。我們已經訪問了兩次二〇〇五年的新澤西州，但是我還為艾德準備了一個更誘人並具有傳統特色的旅行，當然也包含了一些教育意義。

在小城星星鎮長大的艾德，並不經常去美國的大城市。所以我邀請他好好借助我的神力，去遊覽一下二〇〇五年在禁止貿易條件下美國的旅遊聖地。我們一起走在街上，就像在星星鎮一樣，滿街跑的只有美國汽車。我們遊覽了紐約、芝加哥、波士頓和舊金山，分別參觀了自由女神像、壯麗大道（Magnificent Mile）、自由步道（Freedom Trail），以及金門大橋。然後我們去了華盛頓，參觀了華盛頓紀念碑、林肯紀念堂、傑佛遜紀念堂等旅遊景點。艾德大飽眼福，十分開心。

我們坐在華盛頓的購物中心長椅上。前方的華盛頓紀念碑若隱若現，國會大廈在我們身後巍然屹立。

「這是一個偉大的國家，戴夫，即使沒有外國商品它也是偉大的。我太為它驕傲了。」

「它不是我的國家，但我也很崇敬它。艾德，你發現我們遊覽的地方有什麼不尋常之處嗎？」

「我真說不出來。從小到大，我都沒有機會參觀華盛頓，我想可能是因為太忙於生意的緣故。就我所知，這些景點看起來沒有什麼變化。」

「你注意到遊客有什麼不尋常之處嗎？」

「沒有。遊客中有許多小學生，在華盛頓這是意料之中的事。其他再也沒什麼引起我注意的。」

「我們排隊等候時你有沒有聽見外國話？」

「沒有。」

「你看見日本人拍照了嗎？」

「沒有。」

「是否發現到外國遊客呢？」

「一個都沒有。這有什麼奇怪的嗎？」

「噢，是的。以往，在進口被取消以前，華盛頓擠滿了來自世界各地的人。紐約的大街上到處都是外國遊客，不管有錢沒錢。舊金山是世界上最美的城市之一，總是吸引著四面八方的遊客。但是這些都一去不復返了。」

「為什麼？」

「外國遊客拿什麼來支付旅館的費用和飯店的帳單？」

「我不知道，或許是旅行支票和現金。」

「但是，艾德，飯店或餐廳只接受美元。一個住在東京的人怎麼會有美元？或是住在法國的人？或是英國？或是德國？」

「他可以去銀行，然後……」

「但是艾德，他們的銀行到哪裡去找美元呢？唯有當一些美國人想用美元換法郎、日圓或英鎊的時候，一家銀行才能得到美元。如果不允許外國商品進入美國，美國人就無法消費外國商品而付出美元；美元沒有流到國外，外國銀行就不可能將本國貨幣兌換為美元。」

「我從來沒想到旅遊還跟這個有關。」

「一個遊客在美國買東西就等於美國出口商品。一個外國遊客在紐約的飯店裡住一晚，和不花運費的出口，效果是一樣的。在飯店消費也是一樣的道理，在飯店吃一頓飯就等於向外國出口食品。對本國人來說，外國遊客的旅遊消費是一種有趣的出口方式：無需把食品運送到國外，外國人自己來挑選、消費這些食品而且運費自理。」

「出口勞務這個概念對我來說挺陌生的。」

「是不大容易理解，但它實際上是一個非常重要的概念。這種出口的一個非常好的例子就是大學教育。美國有世界上最好的大學，在自由貿易的條件下，外國學生可以來美國享受這種服務。如果沒有貿易，那些學生就沒有美元來美國讀書了。你女兒蘇珊在聖路易斯的華聖頓大學取得企業管理碩士的學位……」

「我女兒有企業管理碩士的學位？」

「沒錯。而且華盛頓大學裡，有許多學生來自海外。事實上，蘇珊本人就是一個旨在促進國際商務的學生社團主席。她邀請日本嘉賓來發表演說，甚至還利用大學的第一個暑假去香港實習。」

「蘇珊在香港過了一個夏天？」

「她在自由貿易的世界裡是這樣的。沒有自由貿易……」

「怎麼樣？」

「耐心點。我們馬上就會看到蘇珊了。關鍵的一點是，外國學生豐富了蘇珊對世界的認識，開闊了她的眼界，使她將目光投向了美國中西部以外的世界，甚至投向太平洋彼岸。正因如此，在自由貿易下她選擇為『風帆商行』和『蕾米特』工作。你可以想像，和外國學生一起學習，使地球變成一個更溫馨的小世界。而從美國進進出出的遊客也讓世界各國的聯繫更密切了。」

「現在沒有遊客來美國了嗎？沒有美國人去外國觀光了嗎？」

「多少還有一些。能夠負擔得起去外國旅遊的美國人，到國外時提供了數量不多的美金，這些美金又給想來美國的遊客提供了一些機會。但是政府最終會限制外國遊客和移民的數量，即使他們有美金。」

「政府為什麼這樣做？」

「為了防止走私。當你禁止外國進口時，國內市場產品的品質下降，價格上升。高昂的價格會導致買賣進口商品的黑市開始出現。外國人會假裝成遊客進入美國，其真實目的是要把他們便宜的外國商品賣給美國人，以換取美金購買更多的美國商品。」

「戴夫，沒那麼嚴重吧。人們喬裝成遊客又能帶多少東西呢？」

「多到超乎你的想像。商品源源不斷地通過美墨、美加邊境進入美國，無數貨船乘著夜色在美國沿海地區靠岸。他們把這些貨物走私進來換成美元再購買美國產品，或者是當個遊客享受一陣子美國式的生活。你別忘了，這樣做是有利可圖的。你不認為把咖啡走私進美國是十分誘人的嗎？或者靠多穿幾件襯衫來走私衣服？或者是鑽石？政府要投入大量人力去稽查走私。為了節省成本，他們就會對進入美國的合法途徑設置重重障礙。因此，到美國旅行的遊客數量就會急劇下降，去外國旅遊的美國人也會大大減少，所以美國人就老往華盛頓和其他美國城市跑。」

「真可憐。」

「是的。許多旅館和飯店都倒閉了。」

「而且人們的交流也大大減少了，那樣可不健康。」

「我也這樣認為。所以，你可是很幸運能跟我交流喲。特許證。」

我們靜靜地坐著，看著華盛頓紀念碑交相映襯的全景圖，在藍天上顯現出美麗的輪廓。

我有了一個主意。

「艾德，在辦正事之前我們再去一個地方吧。」

「好，去哪裡？」

「閉上你的眼睛。好了，現在睜開吧。」

「我們在英國，戴夫！這是一家真正的英國酒吧！我一直夢想著能在一間英國酒館裡喝杯啤酒。雖然我們是隱形人，可是我們能在這兒喝上一杯嗎？」

「試試看，替你自己要一杯吧。」

「錢是個問題。我只有一些美元硬幣。但是，戴夫，你身上總該有些英鎊吧。可以嗎？」

「很抱歉，我早已離開金融業了。但是我們會看到事情有了新發展。我們到酒吧裡去看看會發生什麼事。」

我們進入酒吧。

「戴夫，這個地方已經荒廢了。沒有人。水龍頭都是乾的。」

「很抱歉讓你失望了，艾德。」

「這地方令我毛骨悚然。我們在倫敦的貧民窟嗎？」

「我們出去到四周看看，也許能找到現在的方位。」

我們從小酒吧出來，回到了明媚的陽光下。我們走在一條蜿蜒曲折的鵝卵石小路上。突然，眼前出現了一片空地。

「你把我帶到哪兒了，戴夫？湖對面那個奇怪的建築物是什麼？」

「那是一座微型的艾菲爾鐵塔。」

「那可是在法國啊，戴夫。那邊奇怪的建築物是什麼？它們都搖搖欲墜。那是一座塔嗎？」

「艾德，那是『未來世界』（Epcot Center），由華德．迪士尼公司（Walt Disney Company）所建造、風靡一時的旅遊景觀，曾經吸引來自世界各地的觀光客。你看到的這部分叫做『世界櫥窗』（World Showcase）。從前，世界各國都在這裡建造具有民族風味的臨時帳篷，環形的螢幕上放映著精彩的電影，帳篷裡還展示該國精美的文化遺產、藝術、美食和飲料。當美國停止和其他國家貿易後，外國觀光客也就不再來了。剛開始時，『未來世界』興盛過一陣子；美國人不能出國旅行，所以來這裡滿足他們對外國事物的渴望。但是迪士尼最終損失慘重，關門大吉了。沒有人再關心這個地方，當然它就像現在這樣搖搖欲墜了。」

「這裡讓我直起雞皮疙瘩。」

「你早該來的，當這裡還是陽光普照的時候。那時，日本館前的一個日本藝術家把玻璃似的東西吹成動物和魚的形狀。每當惟妙惟肖的作品完成時，他就送給周圍著了迷的孩子們，孩子們發現它不是玻璃而是棉花糖。這對孩子們來說是多麼奇妙的東西啊！在『英國街』上有街頭電影院；對了，還有冒著泡沫的新鮮英國啤酒四處飄香。我告訴你……」

「求求你別再說了，戴夫。我們回星星鎮吧。」

「聽你的。」

10 支持貿易保護政策的案例

我們又回到了星星鎮。艾德還是十分沮喪。

「你把這個問題絕對化了，戴夫。也許關稅和配額不能增加就業機會，但是還有其他一些理由可以支持貿易保護政策。」

「比如說？」

「國家安全。美國不想在任何具有軍事意義的產品上受制於人，外國人會藉機勒索我們。」

「什麼樣的產品在戰爭時期最重要？」

「鋼鐵。」

「鋼鐵不像以前那樣重要了，現在鈦更重要。但我們還是來談談鋼鐵業，因為鋼鐵生產商總是鍥而不捨地要求保護。即使美國的安全要靠鋼鐵來保障，如果鋼鐵來自許多不同的國家或者其中一些是盟國，那麼把外國廉價的鋼鐵排斥在外就是不必要的了。很難想像，在戰爭時期所有的鋼鐵生產國都會變成美國的敵人。即便如此，你認為多大規模的鋼鐵產業才是戰時生產的必要規模呢？第二次世界大戰時，在戰爭動員下美國可以快速提高其鋼鐵產量。我想美國在同樣的情況下可以讓歷史重演。同時，美國還應該有大量的飛機和坦克儲備，而這些現在已經綽綽有餘了。」

「戴夫，如果我們的鋼鐵是來自潛在的敵國，你認為對鋼鐵施加關稅有道理嗎？」

「在這種不太真實的條件下，理論上當然是對的。實際上，更明智的做法是建立起公共或私人的戰略儲備，以應付被敲詐的危險。但是你可以肯定，許多產業會盡其所能讓人們相信，他們的產品對國家安全至關重要。」

「當一個產業剛剛起步時，給它一些保護怎麼樣？不保護它就會被外國競爭者搞垮。當這個產業成熟時，關稅或配額可以取消。」

「啊，這就是所謂的幼稚產業理論。事實上，所有的企業和產業在剛開始時都會賠錢，這就叫做投資。你今天放棄一些錢是為了明天獲得更多的錢。事實上，你今後賺的錢或許可以補償你剛開始的損失，或許不能。如果日後獲利豐厚，那你就不需要保護；如果日後收益尚不足以補償最初的損失，那保護就是個錯誤，因為你保護了一個錯誤的投資專案。」

「但如果外國競爭者降低價格，使得最初的損失難以承受怎麼辦？沒有關稅來維護公平，國內廠商如何起步呢？」

「艾德，外國競爭摧毀美國的萌芽產業，這在理論上是有可能的。但也只有當外國競爭者願意承受由低價引發大量需求而導致的鉅額損失時，這種可能性才會存在。如果他們承受不住壓力，美國的生產商就可以在較高的價格上出售產品。有什麼證據？你見過美國哪個新興產業僅因為面對外國競爭者的殘酷價格戰而被迫大折的？那些外國競爭者會隨之漲價。為了從經驗上證明這一論調，你必須做一個完全先驗的論斷。」

「什麼論斷，戴夫？」

「你必須首先聲明，外國競爭的威脅是如此陰險、狡詐、有力，以致於美國公司在一開始根本不可能存活。我覺得這種論斷可不那麼讓人信服。」

「還有其他支持貿易保護的觀點嗎？」

「在發明形形色色的論調來尋求政府協助方面，生意人的創造力是無窮無盡的。就像米爾頓．傅利曼（Milton Friedman）曾經指出的，每個生意人都對自由市場情有獨鍾，同時卻又聲稱自己所在的產業情況特殊，為維護國家利益起見必須要有政府介入。但即便是學院裡的經濟學家，有時也會舉出一個理論案例來支持保護政策。」

「說來聽聽。」

「想想一個像美國這樣的大國，對某種產品的需求占全球市場很大比例的情形。」

「比如說電視機。」

「是的，至少在某些時期確實如此。這種貿易保護理論的邏輯是這樣的：如果美國是電視機的需求大國，那麼關稅在降低對電視需求的同時可以降低電視的價格。」

「課稅反而會降低價格？」

「並不是包括關稅在內的消費價格，市場售價還是會成長，但是關稅前的電視真實價格會下跌。還是假設電視最初賣二百五十美元。二十五美元的關稅使電視價格漲到二百七十五美元，這是基於世界其他地方的電視價格維持在二百五十美元這一假設上。因為在其他地方價格都保持在二百五十美元，所以當徵收二十五美元關稅時，美國的電視價格一定會漲到二百七十五美元，否則外國商人不會願意把電視銷往美國。」

「有道理。」

「但如果美國在全球電視機市場上占有很大比例的話，電視價格的成長幅度不會完全達到關稅水平。在這種情況下，關稅會使美國的電視銷量減少。由於我們假設美國是全球市場的一個重要部分，所以美國的銷量下降就意味著全球市場總需求的顯著降低。外國生產商會試圖把原來賣到美國的電視賣到其他地方。如果美國只是一個很小的市場，他們大可以輕而易舉地把那些電視賣到別處而無需降價。但是如果在美國喪失的銷量是全球市場的一大部分，那他們就必須降價才能賣掉和原來相同數量的電視。於是，電視在全球都降價了。比方說，美國市場縮小所引發的全球需求下降使得電視機價格降到二百四十美元。如果你加上二十五美元的關稅，價格只會漲到二百六十五美元而不是二百七十五美元。」

「但消費者的利益不是仍然受到損害嗎？」

「是的。消費者仍要損失十五美元。但是美國將從每台電視的關稅中得到二十五美元的財政收入，所以從每台進口電視中美國淨得十美元。實質上，美國扮演的是消費者卡特爾（cartel）聯合體，而非通常意義上的賣方卡特爾聯合體。賣方卡特爾聯合體透過控制供給量以實現更高的售價。在這個例子中，美國透過控制需求來降低價格。」

「聽起來不錯嘛。」

「正因其十分誘人，一位偉大的經濟學家艾吉渥斯（Francis Edgeworth）才有感而發，說鼓吹關稅的論調應該擱在藥箱子裡，但是要貼上『毒藥』的標籤。」

「為什麼，戴夫？」

「雖然在理論上是有利的，但是在實踐上並不能保證這種好處一定會實現。」

「為什麼？」

「有許多原因。你可能認為你可以影響全球市場的電視機價格，但是事實上你的影響力微不足道。包括美國在內的大部分國家，對於某一種產品的需求都是影響極微的。」

「但是如果一個國家的需求減少，全球價格不是多少要下降一點點嗎？」

「也許不會。假設你嫌蘋果太貴於是停止吃蘋果，超市裡的蘋果價格會有變化嗎？」

「不會。」

「對。原因是你的需求消失對全球蘋果市場的影響微不足道。現在假設伊利諾州所有的人都不吃蘋果了，這對蘋果的價格有什麼影響？」

「我放棄。」

「答案還是沒有影響。伊利諾州的市民在全球蘋果市場上同樣是九牛一毛。」

「但是，戴夫，如果美國人都不吃蘋果了，價格不會下跌嗎？」

「也許。但是我可以給你相反的例子。你知道美國政府舉債來融通政府支出嗎？」

「當然，這讓我有點擔心，我們的國債太龐大了。」

「艾德，我還有最新消息要告訴你：債務越來越大了。事實上，在一九六〇年以後的某些年份裡，美國政府負債超過四千億。」

「這簡直會使國家陷入大蕭條！」

「為什麼，艾德？」

「為了吸引人們去買政府債券，利率會飆升，並且個人投資會銳減。」

「從前人們也是這麼說的。但是當美國政府高額負債時，利率卻保持在相當低的水平。」

「這怎麼可能？」

「雖然四千億看起來是一筆巨資，但和整個世界的借貸市場相比就算不上什麼了。因此，美國借了那些錢，而利率幾乎沒變。同樣的原因，對進入美國的電視機徵收關稅，降低了美國對電視的需求，但是全球市場的需求會使價格停留在二百五十美元的水平。」

「但是如果美國的需求足以影響全球需求，那關稅是不是對美國有好處？」

「效果也不是立竿見影的。即使情況如此，你也要對政府信心十足才行。政府必須做好兩件事。第一，它要準確估計關稅對全球價格的影響。如果它徵收的關稅額度太大怎麼辦？高關稅會使消費者面對的價格猛漲，導致美國的需求驟減，國際需求也會相應減少。電視價格會下跌一些，稅收會增加政府的財政收入，但是消費者要付更多的錢享受更少的電視，他們的利益受到了損害。如果關稅訂得太高，這種損失就會超過其他美國人從關稅收入中得到的好處。」

「那應該很容易避免。只要確定關稅不會太高就行了。」

「聽起來容易。但是即使你徵收了一個『小額』關稅，如果關稅對於美國需求的影響非常大，你同樣會造成災難性的影響。」

「只要能準確預測關稅的影響不就行了？」

「沒那麼容易。更糟的是，你想想看，誰會有動機把關稅訂得很高？」

「國內的一些電視機生產商，像我這樣的。」

「完全正確。國內的生產商會爭辯說，他的產品——比如電視——在全球市場上占有率很大，美國迫切需要徵收一個高額關稅，利用這個機會從外國人手裡獲取財政收入。」

「對那些說客心存防備也不行嗎？」

「問題不只是這樣。」

「還有什麼？」

「你還必須保證，美國政府能夠明智地利用徵收來的二十五美元，否則美國的淨收益就無從談起了。」

「但假如美國是個足夠大的需求者，若把關稅訂在一個合適的水準，而且政府把錢花得很明智，那關稅是不是就能帶來有益的影響？」

「是的，但還有一個小小的細節沒考慮到。」

「我猜你說的『小小的細節』可能不那麼小吧，戴夫？」

「被你猜中了，確實不是小事。我們前面所有的論點都基於這樣一個假設：當美國給其他各國的產品課稅時，這些國家都無動於衷。實際上，外國也可以採取報復行動，對美國產品課稅。即使美國小心翼翼地制定最初的關稅，來自其他國家的報復行動也會使美國受到損失。」

「也就是說，雖然當一國的需求在全球市場上占有顯著比例時，好像為貿易保護政策提供了理由，但是也可能適得其反。學術界還有什麼支持保護主義的觀點嗎？」

「有些學者提出一種『策略性貿易政策』。他們認為，政府應該扶植某些關鍵產業，特別是要幫助它們搶先進入市場。」

「搶先進入市場確實很重要。」

「有時候如此，但有時第二個進去會更好。或者更確切地說，有時候，沒有搶先進入市場並不是一種劣勢。然而可以想見的是，對於某些產業或產品來說，第一個進入市場者是處於優勢的。」

「這和貿易保護有什麼關係?」

「假設兩個國家裡有幾家公司正在競爭,要搶先把一項技術引進市場。於是你就會提出,政府應該補助本國公司並採取保護政策來制裁外國公司。用這種方式,本國的公司就會在這場競爭中拔得頭籌。特別是對做為產品創新源頭的高科技產業,許多人持這種觀點,認為美國應該確保它在高科技產品方面的優勢,以免其他國家占據那些市場並且從源源不斷的產品創新中坐享其成。對於那種在國際市場只能容得下一家供應商的高科技產品來說更是如此。」

「聽起來相當有道理。這是一個支持政府干涉國際競爭的合理論點嗎?」

「也許。」

「那麼?」

「許多問題值得懷疑。你怎麼知道某個高科技產品會不會有所謂的『副產品』呢?你怎麼知道市場只容得下一家供應商?你能舉出許多這方面的例子嗎?你能保證搶先進入市場真有那麼大的優勢嗎?先當個旁觀者,看看產品在市場上的命運難道一定不好嗎?最後,如果政府提供資助並且保護某些產品,你怎麼肯定政府會選擇正確的產品來保護?在這個決策過程中,政治影響也許比全民福利更具有決定性。」

「我懂了。這些問題有答案嗎？」

「沒有基於經濟理論的答案，所以我建議再用一次經驗性觀察。比方說，在七〇年代後期，法英兩國政府合作研製出一種超音速飛機，這是科技界一大突破，它能以你無法想像的速度從紐約飛到倫敦。」

「我沒有坐飛機去過倫敦。」

「當這種飛機還在設計的時候，標準的噴射客機要花大約七個小時飛完這一距離。該研發項目的成果是『協和』（The Concorde）客機，它可以在三個半小時內完成這一飛行。」

「太難以置信了，戴夫！這可以為那些奔波於倫敦與紐約之間的生意人省下許多時間。看來，協和客機是政府資助技術革新的成功範例。」

「對於我們現在所描述的市場類型來說，它確實是可以寫進教科書的經典案例。那些想在三個半小時內從倫敦飛到紐約的人構成了一個很小的市場。可能由於搶先進入了市場，協和客機完全占據該市場。」

「壟斷？」

「某種意義上可以這麼說。它也要面臨可以提供七小時航行的航空公司的競爭，但是如果你想迅速抵達倫敦或紐約，你必須乘坐協和客機。除非你認識一位早已作古的英國經濟學家，他肩負著拯救自己靈魂的神聖使命。」

「戴夫，後來怎麼樣？協和客機成功了嗎？」

「就它的乘客而言是的；但是對於那些投資者——英國和法國的納稅人——來說，它可說是一個不折不扣的災難。」

「但是他們獲得了市場上的壟斷地位啊。」

「是的。但是，為補償協和客機的成本而不得不制定的高價，使它的市場太小。沒錯，協和客機處於壟斷地位；沒錯，英國和法國先於其他國家實施了這項技術。但不幸的是，這是個失敗的投資。第一個進入市場的人是有回報的，但是它必須要能負擔成本，否則你的投資就是失敗的。」

「損失有多大？」

「這種飛機的設計構思早在一九六二年就有了，但是飛機最終直到一九七六年才升空。到一九七六年，總投資是四十三億；到一九八三年，年營收超過了營運成本，但是如果考慮到以前的鉅額虧損，投資怎麼看都是不值得的，還不如早早把錢存在銀行裡。到了二〇〇三年，他們終於放棄。協和客機被禁飛了。你可以在博物館裡看見它的身影，但它不再升空。」

「我明白你的意思，但這不過是一個特例而已。」

「我再給你舉個例子。但首先，你要看到協和客機有一個更深層次的缺陷。追究起來，協和客機的收入都源於英國和法國的納稅人，其實是他們在間接投資，但他們卻蒙受了損失。你認為那些國家裡典型的納稅人是怎麼樣的？」

「我不知道。」

「我也不知道，但典型的納稅人一般都是中產階級。你認為協和客機的乘客都是些什麼人？」

「不會是法國或英國的中產階級。」

「一針見血，艾德。乘坐協和客機從紐約到倫敦的來回票，在一九九九年超過了一萬美元，是搭乘一般客機的七倍。付得起這麼高票價的人，只有一些分秒必爭或者喜歡獵奇的超級富豪。即使如此，機票收入還是不能彌補全部的飛行成本。正確的定價不僅包括了營運成本，而且應包括早期的研發成本。總之，是普通的中產階級納稅人資助了家財萬貫的遊客。」

「他們可以想辦法彌補，是吧，戴夫？」

「怎麼彌補？」

「向搭飛機的乘客課稅，再用稅收去幫助納稅人。」

「我們的討論又回到原點了，很有趣。其實，若是私人企業經營的話，就不會那麼麻煩了。」

「怎麼說？」

「為什麼私人企業不主動投資協和客機的技術開發？為什麼一定要政府補助才能讓這個投資有利可圖呢？沒有政府補助，這個計畫就難以獲利。說這個計畫難以獲利意味著什麼？就是說人們可以承受的價格不足以補償這個計畫的成本。如果價格高到可以彌補成本，就表示使用者會願意為他們享受到的好處付款，而不用強迫第三者來負擔。」

「但是如果人們可以承受的價格不足以補償成本，英國和法國政府為什麼還參與這個計畫？」

「憤世嫉俗的人會說，這是因為政府比較關注航空公司的要求而非整個國家的成本和收益。寬容一點的解釋是，他們對成本和預期票價的估計與私人企業不同，或者是因為政府希望此項研究能使本國掌握世界一流的技術。」

「他們怎麼會把成本和定價估計得那麼離譜？」

「他們哪有準確估測的誘因？他們無需對股東負責，要面對的只有納稅人。與私人企業的投資者相比，納稅人對政府的影響微乎其微。」

「他們是否真的獲得了技術優勢？」

「看不出來。事實上，你現在應該猜得出，這個計畫的淨影響是使英國人和法國人更窮了。就像在上面那些例子中經常出現的情況一樣：一些人獲益了，但對全體公民來講，總效果是負的。」

「戴夫，無論如何，你不能否認，政府對技術開發的某些投資專案還是有價值的。」

「確實有些值得稱道的案例。比如說，歐洲國家資助了空中巴士公司（Airbus）的創立。這家公司生產傳統飛機，速度比『協和』慢，但營利情況卻好得多。」

「這是說，對空中巴士的投資有利於歐洲老百姓嗎？」

「這個問題很難回答。空中巴士公司與美國的波音公司（Boeing）和麥道公司（McDonnell Douglas）形成了競爭關係。」

「這對歐洲有利，是不是？」

「航空業的競爭幾乎對每個人都有利。但是，對空中巴士的政府補貼並未在技術方面產生預期的收益，它主要的影響是，在歐洲創造了一些飛機組裝的就業機會。」

「但是競爭行為會使製造新飛機的成本降低，不是嗎，戴夫？」

「沒錯。但是，即使沒有空中巴士公司，同業的競爭也一樣會存在。空中巴士迅速發展的同時，麥道公司苦苦掙扎，最終還是被波音公司買下來了。到了二〇〇〇年，全球只有兩家大型客機的供應商：波音和空中巴士。如果歐洲政府當初沒有補助空中巴士公司，競爭者可能同樣是兩個，區別只不過是麥道取代空中巴士，美國的飛機製造就業機會增加幾千個、歐洲減少幾千個而已。歐洲的納稅人從空中巴士公司的投資中到底得到什麼回報，這還很難說。但可以肯定的是，不能單純地認為飛機製造業可以決定一國經濟的成敗。這一點可以從電腦產業的歷史看得一清二楚。八〇年代末期，美國人擔心自己在半導體及電腦晶片方面的領先地位會被日本人搶走。你可能還記得，半導體元件是電腦功能的核心部分。」

「美國政府有沒有扶植那些半導體企業呢？」

「提供了一些幫助。政府發起成立了一家叫做『半導體製造技術產業聯盟』（Sematech）的科研機構，並且補助一半的研發費用，即每年一億美元。剩餘部分由各參與企業支付。此外，美國政府還在打開日本晶片市場方面做了一些努力。」

「這些努力有用嗎？」

「鼓勵日本人購買美國晶片，實際上對電腦業的發展是不利的。剛開始，美國製的晶片極為昂貴，這使得電腦的價格居高不下。到了九〇年代末，以『英代爾』（Intel）為代表的美國公司在晶片業重新贏得了主導地位。最終，美國製的晶片價格大大降低了。」

「『半導體製造技術產業聯盟』在這一過程中有作用嗎？」

「很可能沒什麼作用。與許許多多私人資助的研發計畫相比，官方行為顯得微不足道。『半導體製造技術產業聯盟』不但沒有對民間的研發計畫有加強的作用，反而阻礙了這些計畫——一些企業看到『半導體製造技術產業聯盟』在從事相關研究，於是就縮減了自己的某些基礎研究。到了九〇年代末，『半導體製造技術產業聯盟』開始允許外國成員加入。它已不再是美國產業政策的工具了。」

「但是當時，它可能確實發揮過一些功能。」

「或許吧。但是這一機構並未發展到相當的規模，使它成為某些人鼓吹的那種『產業政策』或『策略性貿易政策』下的一項嚴肅實驗。九〇年代末，向來由政府扶植重點產業和技術的日本陷入了漫長的經濟衰退，這些主張也就漸失人心了。日本經濟早晚是會復甦的，但是那些關於產業政策、策略性政策的論調，要想重新流行起來可不容易。如果聽信了那些主張，像協和客機這種錯誤投資可能會層出不窮。更糟糕的是，企業又可能把貿易保護理論用來服務狹隘的商業利益，而不會考慮到整個國家的福利。這可能會成為政府濫用職權的溫床。」

「我不能肯定，戴夫。在我看來，新技術與一般產品不能相提並論，因為它的風險很大。」

「新技術本身就是存在風險的，艾德。誰能夠最有效地承擔風險呢？是公司和股東，還是納稅人？」

「一定有些案例可以說明納稅人的作用的。從整體來看，美國從中獲益不少，戴夫。」

「但即使是法國或其他國家首先開發出新技術，從整體上看，美國通常也會從中獲益。美國消費者仍可以購買這些產品。美國也許不能在那個產業獲得就業機會，但是產業一旦形成，有什麼能阻止美國進入該產業呢？」

「這當然有理。但是，如果市場上只有一家公司的發展空間，情況又會如何？那家公司如果是美國的，不是對美國更有利嗎？」

「這對於那家公司的工人來說更有利，對整個美國來說則未必。況且，像你說的那種公司，目前為止我還沒見過。我所知道的唯一例子是協和客機。法國和英國聯手控制全球超音速飛行的市場，但這種市場主導地位並沒有給英法兩國帶來滾滾財源。你很難找到另外一個例子，對一種技術的市場需求空間如此狹小，以致於市場上只能存在一家廠商，並且政府的介入將決定哪家廠商搶先進入這個市場。總之，以公眾利益之名，許多公司還是在為獲得貿易保護和政府補助而挖空心思地奔走。」

11 貿易逆差有損美國利益嗎？

「戴夫，但是你怎麼看競爭的公平性問題呢？如果某個傢伙不允許我們的產品進入他的國家，我們為什麼要讓他的產品進入我們的國家？」

「如果你的敵人割掉了他自己的鼻子，你會出於公平也同樣割掉你自己的鼻子嗎？」

「什麼意思？」

「假如其他國家排斥美國商品，它們是在損害自己的利益，迫使本國人民為他們消費的商品支付不必要的高價，投入不必要的資源、人力、原材料和資本去生產那些它們本來可以低價從國外進口的商品。美國也應該把這樣的費用強加給它的人民嗎？」

「不能，但這總是不公平的。如果我們讓外國公司在這裡賣東西，它們也應該讓美國公司在它們那裡賣東西。」

「在我看來，這談不上是個貿易公平性的問題，而是一個理解偏差的問題。讓我問你一個問題。你是怎麼知道一個國家排斥美國商品的？」

「我想它會徵收關稅或施加配額，或者它會採取一些更不易察覺的措施來妨礙進口。」

「好吧。那你又如何知道，整體來說，它對待美國商品是否公平呢？」

「我不知道。我會看看兩國貿易的整體型態。」

「如果我們想研究公平貿易，我們就必須在『美國有進口商品』的世界裡來探討問題。比如在二〇〇五年，法蘭克．貝茲從未擔任過總統的情況下，美國對中國在貨品與服務的貿易逆差總額超過了兩千億美元。美國的……」

「兩千億！有一個國家對我們的出口超過進口兩千億美元？那幾乎是美國經濟規模的一半哪，戴夫！」

「如果美國的經濟規模在二〇〇五年還是和一九六〇年一樣，那將是如此。一九六〇年美國的國內生產毛額是五千億美元。而在二〇〇五年，在一個貿易的世界裡，它是十二兆。因此兩千億看起來就沒那麼大了。整體而言，美國貨品與服務的貿易逆差在二〇〇五年是七千兩百六十億美元。」

「你怎麼可能對一個這麼龐大的數字如此無動於衷？那幾乎是一兆美元哪！這豈不是證

實了我的觀點嗎？一定有些不公平的事情發生。」

「也許吧。我們不妨再仔細看看。明尼蘇達州一年從佛羅里達州進口多少橘子？」

「我不知道，但肯定不少。」

「你認為佛羅里達州從明尼蘇達州進口多少橘子？」

「零個。」

「這不是不公平嗎，艾德？為了互惠起見，佛羅里達難道不應該從明尼蘇達進口相同數量的橘子嗎？」

「無稽之談，戴夫。明尼蘇達根本不產橘子。」

「但你知道它本來是可以種橘子的。它可以建個溫室，一年到頭給溫室加熱，而收穫許多橘子。毋庸置疑，明尼蘇達的橘子肯定價值不低。有人不禁會懷疑，佛羅里達的居民吃他們自己種的更便宜的橘子不就行了？但是這並不能阻止明尼蘇達的橘子生產商以公平貿易的名義要求佛羅里達的人吃明尼蘇達的橘子。或者更糟糕，他們會要求佛羅里達的橘子生產商在田裡使用空調，以保證兩者的公平競爭。」

「戴夫，這個例子太有誤導性了。你不能只看一種特定商品。」

「你說的對。但是這個例子可以讓我們看到，把貿易不對等與不公平劃上等號是多麼愚蠢。貿易本來就是不對等的。隨便挑出美國的某個州，比較它和美國其他州的貿易地位，你會發現不是逆差就是順差。這根本就和貿易過程公平與否無關。對美國整體上來講也是如此，讓美國與世界各國都具有相等的貿易量，這種想法不啻是痴人說夢。貿易的核心是專業化。」

「但是，美國從其他國家進口的總量大大超過了它們從美國進口的總量，而且差額達到了七千兩百六十億美元之多，那麼其他國家肯定是對我們施加了不公平的待遇。否則，我們的進出口量應該相抵才是。」

「好吧，現在讓我們舉個例子。在你的家鄉星星鎮，你經常到臨近的、華爾德．維金森開的雜貨店去買東西，對吧？」

「沒錯，戴夫。他是個大好人。只是有一點……」

「他沒有買史泰勒產的電視機。」

「對對對！戴夫，你太了不起了。」

「這不算什麼。他為什麼不買呢？」

「據他說，他太太不喜歡我們電視機的外殼顏色，說那顏色和家裡的裝潢色調格格不入。所以，他們家購買了我們的對手生產的電視機。我差點給氣瘋了。」

「但你還是經常光顧那家雜貨店，是吧？」

「當然了。他們的東西是全城最好的。」

「這就是說，你對華爾德有一個貿易逆差，你從他那兒購買的比他從你這兒買的多。即使他偶爾從你那兒購買一部電視機，你仍然處於貿易逆差狀態，因為你買的日用雜貨開支肯定比他花在電視上的支出大得多，是不是？」

「確實如此。」

「你有沒有為此而心中不快、整夜失眠呢？」

「沒有。」

「有趣的是，你其實並沒有在這種關係中受到損失，你只是存在一個貿易逆差而已，你得到的商品卻比他多。你們兩人的交易整體上來看是平衡的。」

「這怎麼說？」

「他每個月提供給你價值一百美元的日用品，你也同樣交給他價值一百美元的商品。但是，你給他的不是價值一百美元的電視機，而是等值的現金。這就等於華爾德從你的銀行帳戶裡取出這筆錢，隨心所欲地購買一百美元的商品。」

「這跟我們談到的美國貿易問題有什麼關係呢？」

「美國人和外國人不僅交易貨物，也交易資產和現金。美國從其他國家進口商品時，外國人可以用得到的美元購買美國產品。但是，美元的用途不止於此。有時候，外國人會選擇保留那些美元。」

「不妙吧？這樣對我們的經濟就沒有刺激作用了。」

「艾德，你太太在華爾德的雜貨店購物時，一般是用支票結帳的，對吧？」

「當然。」

「如果華爾德覺得你們的支票樣式精美，於是決定不再把它們兌成現金，你覺得怎麼樣？假設他把你的支票一張張裝上鏡框，懸掛在辦公室的牆上？」

「我看他一定是瘋了。」

「如果這樣的話，你家裡的財政狀況會不會受損呢？」

「當然不會。這聽起來棒極了，好像我們在白拿東西一樣。」

「完全正確！如果他不再將你的支票兌成現金，這會不會損害星星鎮的經濟呢？」

「當然不會，戴夫。如果這樣的話，我們會把這些錢花在其他商品上。」

「太棒了！艾德，你看，美國的情況同樣如此。當美國購買外國商品時，外國人收到的那些綠鈔票實際上等於對美國產品和服務的占有權利。如果外國人不把這些美元花掉而是存起來，那美國人可以享用的產品和服務就更多了。這可真是免費的午餐啊！當然了，如果外國人決定將手中的美元花掉，也不一定會花在產品和服務上，這就是美國出現貿易逆差的原因。」

「戴夫，這就讓我搞不懂了。他們為什麼不喜歡美國貨呢？」

「他們當然也喜歡，但有時他們更喜歡美國的資產，比如股票、土地、建築物等。」

「難道這種交易沒有包括在貿易餘額裡嗎？」

「沒有。這種資產交易是單獨計算的，叫做資本帳。因此，當美國處在貿易逆差狀態的同時，資本帳總是盈餘的。這意味著外國人投資購買的美國資產比美國人購買的外國資產要多，這樣的話，美國在商品貿易中肯定會出現逆差。」

「那麼，資本帳的盈餘可以和貿易逆差相抵了？」

「從會計原則來看，如果你考慮到國家之間的資金流動，可以說盈虧相抵。但你可能更想知道如此一來美國是否吃虧，對嗎？」

「正是。」

「簡而言之，只把注意力集中在一個帳戶的盈虧上，可說是以偏概全，誤導大眾。千千萬萬的個人作出儲蓄多少、在哪裡投資、購買什麼東西的決定，貿易帳和資本帳都是這無數個決定的反映。舉個例子吧。人們傾向於把美國的貿易逆差歸咎於外國市場對美國產品的排斥。但是，更為合理的解釋是，外國人更喜歡購買美國資產。如果美國相較於世界上其他地方是全球投資的理想選擇，而外國人恰好儲蓄得夠多，那麼美國的貿易逆差幾乎不可避免。」

「但是美國可能年復一年都貿易逆差嗎？」

「許多人覺得憂心，因為他們以為美國的貿易逆差是透過借貸的方式——透過負債。負債就意味著你寅吃卯糧，而我們都知道，你不能永遠寅吃卯糧。總有被清算的時候。」

「聽起來是有點不妙。」

「也許吧，但事實並非如此。沒錯，有些外國人購買的美國資產是政府公債，用來支付美國政府的開支。但是大多數資產都不是政府負債。它們都是實實在在的房地產，以及美國有興趣進行擴張與改革的公司所發行的股票。有些資產是公司債，但這是美國公司用來支付新活動的方法，而不是寅吃卯糧的結果。資本公積（Capital Surplus）事實上是力量的象徵，表示美國資產相較於世上其他地方的風險而言，是良好的投資。」

「但是萬一那些持有美國資產或債券的外國人突然想要賣光他們的投資呢？那豈不是要毀了美國？那不是會威脅到美國的繁榮嗎？」

「但是為什麼外國人會想要賣掉自己原本覺得很吸引人的資產呢？唯有當美國發生了一些突發事件，讓外國人覺得自己的投資會有風險，才會出現這種狀況。但這時的出售就會是經濟問題的果，而不是因。而且在這種拋售的時刻，誰又會去買這些資產呢？價格將會大幅滑落，受到懲罰的還是那些外國的賣家。美國人不會受傷害。」

「好吧，戴夫。但是我一想到外國人收購和控制了那麼多美國資產，還是覺得有點緊張。」

「有這種擔心的人不止你一個。在美國奉行自由貿易政策的八〇年代，外國人購買了很多美國的資產——房地產、政府債券和企業股票。日本人的資產收購行為尤其讓人擔憂。美國人害怕日本人會操縱這些資產來危害美國人的利益或者竊取利潤。比如說，日本人收購了紐約的亞岡昆飯店（Algonquin Hotel）。這家飯店在某種程度上是文化地標，因為三〇年代時，一群知識分子常常到這裡來聚會並發表睿智的言論。」

「日本人要這家飯店做什麼？」

「他們把它夷為平地，在繁華的曼哈頓留下了一個大黑窟窿來懲罰美國人，並導致周邊地區的房地產價值大跌。」

「啊！」

「開個玩笑而已，艾德。日本人為這個資產付了一大筆錢之後，他們想盡可能地經營它來營利。他們沒有把它變成世界上最大的壽司餐廳或者是……」

「什麼是壽司？」

「生魚片。」

「感謝上帝他們沒那麼做。」

「當時，人們害怕他們建造一個超現代化的高科技飯店來迎合日本人的口味，但是他們卻決定恢復它在三〇年代的恢宏風範。這是這個資產最有利可圖的用途。」

「我明白人們為什麼害怕日本人買美國的資產，因為日本人取代了原來的資產所有者而獲得全部利潤。」

「表面上看來似乎如此，但事實恰好相反。」

「別逗了，戴夫。如果日本人擁有它，他們就會從中獲利。還有什麼比這更簡單直接的道理？」

「別問我，艾德。你已經學過了『間接致富』的道理，好像不應該再用這種『簡單直接』的方式來思考問題喔。」

「我還沒習慣轉個彎想問題，但是我已經習慣了頻頻犯錯。還是聽你的吧。」

「假設你有一棵搖錢樹。」

「搖錢樹？」

「是的，它每年都結出滿樹的金錢。為了讓這個問題更容易理解，我們不妨想像一棵蘋果樹。畢竟，蘋果樹其實也就是搖錢樹，你只需賣掉水果換回錢就是了。」

「好吧。」

「現在你有一棵搖錢樹，上面結的是二十美元的紙幣。每年這棵樹都長出五張二十美元的紙幣，總共一百美元。當然，有的年份它的產量比平常多，你可以得到六張紙幣。收成不好時，你只能得到四張。但是平均起來一年五張，總共一百美元。有一天你決定把這棵樹賣掉，你會開價多少？」

「我不知道，戴夫。我對搖錢樹的市場行情不太了解。」

「其實你知道。讓我們把你的立場置換一下，假設你現在想買一棵這樣的樹。你打算出多少錢？」

「這棵樹能夠永遠存活嗎？」

「問得好。我們假設這棵樹只能活十年。」

「那我想我最多付一千美元。」

「為什麼？」

「如果這棵樹每年產一百美元，十年的話就是一千美元。如果我可以花不到一千美元買到這棵樹，我就賺了。除非我就喜歡盯著這棵樹欣賞，否則我不會出比一千美元更多的錢。」

「你接近正確答案了。你絕不會出比一千美元更多的錢。但假如你再多想一會兒，你會連一千美元都不願意出了。你的選擇是買還是不買這棵樹。假設價錢是一千美元，如果你不買這棵樹，你可以留著你的一千美元；如果你買了這棵樹，你可以在十年內每年收回一百美元。這兩種選擇是完全等價的嗎？」

「不一樣，我現在明白了。」

「為什麼不一樣？」

「連續十年每年收回一百美元比一千美元現金的價值要小。我可以把錢存入銀行賺利息而不把錢投資於這棵樹，十年後我可以拿回原來的一千美元還可以在十年中得到一些利息。所以如果這棵搖錢樹賣到一千美元還有人要買，可就不是明智之舉了。」

「沒錯。像我所描述的這種搖錢樹不能賣到一千美元。到底能賣到多少，要看人們在另一個同等風險的投資項目預期的利潤率。」

「很好，這很有趣，戴夫。但是這與亞岡昆飯店有什麼關係？」

「你看不出來嗎？和其他資產一樣，亞岡昆飯店本質上就是一棵搖錢樹。就像這棵樹一樣，它在一段特定的時間內提供收入流。這份資產的售價要視它將來的利潤而定。如果一個美國人要轉賣亞岡昆飯店，他的要價應該與這飯店的未來利潤總額相當，但實際上會低一些，因為當買家在等待收取未來利潤時，賣家現在就已經可以自由享用這筆錢了。」

「你是想告訴我，當亞岡昆飯店在日本人的經營下賺錢時，這筆錢其實早就進了美國賣主的口袋？」

「是的。如果沒有不確定因素的話，那麼日本買主所賺的利潤就會剛好等於美國賣主賣這家飯店所得的錢加上這筆錢所賺的利息。你知道實際情況如何嗎？請記住，所有搖錢樹的年產量都是不確定的。在八〇年代，日本人斥巨資購買了一些聲名顯赫的房地產，他們買了圓石灘（Pebble Beach）高爾夫球場、洛克斐勒中心（Rockefeller Center）和其他一些資產。不論評價好壞，結果證明：那些資產都遠不如賣價所預示的那樣有利可圖，所以日本人給他們的美國賣主多付了錢。看起來好像是日本人賺到了，實際上，整體來說，是美國人從日本人身上賺到了錢。」

「所以，因為日本人多付了錢，把那許多資產賣給他們就沒有關係了嗎？」

「不是的，那是扭曲了我的說法。真正的重點是，什麼人擁有什麼東西並不重要，只要他們能夠明智地使用它。美國公司要出售股票時，那些美國人為什麼要在乎是日本或中國或英國或荷蘭的投資者付了比較多的錢？外國資金只會讓美國獲益。這表示美國有更多的資源可以用來從事創意與改革。」

「不過戴夫，我能理解為什麼一些美國人反對日本人收購洛克斐勒中心。它是美國的象徵。我曾經帶我的兩個孩子史蒂芬和蘇珊去那兒溜冰。」

「我認為，當時出售洛克菲勒中心的美國人，一定是迫不及待地要把它賣給出價最高的競標者，他不太會在意日本人擁有這份資產是否會損害美國的利益。當然，美國賣主絲毫不會吃虧。此外，即使日本人擁有了資產所有權，他們也必須保持冰面堅實平滑。八〇年代時，雖然美國人對日本購買美國資產群情激昂，但日本人有時只是美國資產的第三大投資者而已，排在英國和荷蘭之後。然而卻沒有人對英國人、荷蘭人耿耿於懷。有點匪夷所思，是吧？」

「我懂你的意思了，戴夫。但是即使貿易逆差和資本盈餘相伴而生，並不能說明逆差是完全無害的。如果我們處在一個貿易順差和資本帳虧空並存的狀態，不是更好嗎？」

「為什麼這麼說呢，艾德？」

「如果我們能獲得貿易平衡，甚至出現貿易順差，不是可以表明美國出口了更多的商品，就業也會隨之增加嗎？」

「我不打算回答這個問題。」

「太簡單了？」

「是的。你自己想想看。」

「可能我思考問題的方式更像一個生意人，而非一個經濟學家，戴夫。容我再想想。增加的出口僅僅為出口產業增加了一些就業機會，而整個經濟的就業總量不一定會增加。」

「一語中的！儘管如此，自由貿易的反對者一直宣稱，貿易逆差會減少美國的就業機會。從一九七六到二〇〇五年間，美國年年存在貿易逆差。連續三十年的貿易逆差！年復一年累積下來，美國的進口額超過出口額達到五兆美元之多。五兆啊！但與此同時，美國的就業機會總數增加了五千萬個。從一九六〇年到二〇〇五年，美國出口的糧食多過進口。四十六年的農產品貿易順差。既然逆差都可以創造工作機會，順差不也應該也可以嗎？然而在一九六〇年到二〇〇五年間，農業就業人口從五百五十萬減少到兩百一十萬。在那段時間之內，農業就業人口雖然減少，整體經濟的就業數字卻增加了一倍！逆差與順差當然和就業機會是不相干的。」

「因此那些關於貿易逆差損害就業的指控都是空口無憑了，戴夫？」

「即使貿易逆差讓你憂心忡忡，想要消除逆差的許多方式對一個國家來說也是弊多於利。經濟衰退可以『改善』一國的貿易，原因是人們對外國產品的需求降低了。不良的投資環境也會使外國在美投資銳減，而這也會導致美國的貿易逆差逐漸消失。還有一種方法：完全禁止進口。這樣很容易就達到貿易平衡了，因為美國的進口和出口最後都是零。如前所述，沒有進口自然會導致出口完全消失。最終的結局是產品價格上升，創新能力降低，美國要事必躬親。關於貿易平衡問題，有一點至關重要：無論是順差還是逆差，它們都是各種經濟因素的結果而非原因。如果美國再度陷入經濟衰退，貿易狀況就會相應『改善』。學者專家們有些會聲稱，這種『改善』可是經濟不景氣中的一絲安慰，是不幸中的大幸。鬼扯！這只是經濟衰退的副產品而已，說明不了什麼。但是有關貿易逆差的爭論，卻有它諷刺的一面。」

「戴夫，那是什麼呢？」

「還記得我跟你說，有些批評自由貿易的人嘲笑我，說我古板又過時嗎？」

「是啊，他們並沒有預料到現代經濟。移動資本之類的。」

「這就是諷刺的地方。打從十四世紀起，就有人對貿易逆差感到憂心！當時的『經濟學家』相信，國家的財富必須仰賴出口多於進口，以取得黃金。亞當・斯密讓這世界明白，黃金並非國家財富的來源。貿易逆差也不會減少一國的財富。理論的年代有多久遠並不重要。看的是合不合理。」

「這就是說，我根本犯不著為貿易逆差擔憂；美國的進口多於出口也並不代表外國市場歧視美國產品。對吧？」

「完全正確，艾德。但這也不能證明美國產品能輕易進入外國市場。」

「這麼說，不公平貿易到底還是存在的。難道公平貿易就沒有自由貿易重要嗎？難道美國政府就得袖手旁觀嗎？」

12 公平貿易與自由貿易之爭

「如果你認為政府在這方面真能做些什麼的話，那好像就能以公平之名為政府干涉找到藉口了。但是，『公平貿易』或者是『維護公平競爭』通常只是侵害消費者利益的代名詞。就拿林林總總的傾銷指控來說吧。」

「什麼是傾銷？」

「傾銷就是以低於成本的價格銷售商品。」

「一個製造商為什麼會以低於成本的價格銷售呢？」

「因為它可以用巨大的銷量來彌補這一差價。對不起，即使在一百五十年前這也是個乏味的笑話。你問得很好，一個商人為什麼要賠本賣東西呢？通常的回答是，他們要打進美國市場，削弱或破壞美國的競爭力，然後憑藉其對市場的支配力來抬高價格、剝削美國消費者。」

「但是那樣做沒有意義，戴夫。他們打進美國市場後再把價格抬高來彌補他們的損失，這會逐漸失去消費者。美國的生產商即使在前一段的價格戰沒辦法跟著降價，現在也會發現重新進入市場有利可圖。而如果價格回復到原來的水平，他們就不能彌補先前的損失了。所以，這個策略看來是場災難。」

「說得好，艾德，說得好極了。你的推理無懈可擊。但是還有另一種論調。試想一家日本公司以低於成本的價格迫使美國企業跟著降價，如果日本公司有足夠的耐性，他們就會等到美國公司破產倒閉。關閉一家公司再捲土重來耗資甚大，於是這家美國公司會選擇永遠退出而非退出再進入市場。」

「但是他們不必關門啊，戴夫。他們需要做的就是拒絕跟隨日本人降價。」

「不過要是他們的價格高於競爭對手，誰會買他們的產品呢，艾德？」

「這要視情形而定。如果沒人買美國公司的產品，日本人就會發現他們是以一個賠錢的價格服務整個美國市場。他們不僅要吸納原來對美國產品的需求，還要生產更多的產品，因為他們較低的價格進一步刺激了需求量。這一定會把他們累彎了腰。為了避免鉅額的損失，日本公司會將低價商品限量，這就使美國公司還可以在原來的價位上出售一定量的商品並且獲利。」

「我再一次對你的看法深表贊同，艾德。但不幸的是，你的邏輯並不能說服每個人，最後還是要以實際情況來檢驗，看那些被指控傾銷的日本公司最終是否成功漲價了。」

「結果如何？」

「有幾種產業被外國以低價占領，美國的公司破產倒閉或者轉向生產其他產品。但是即使在美國的競爭消失後，外國產品的價格還是保持在極低的水平上。外國生產的消費品，像手錶、計算機和照相機都變得便宜了，而且一直沒有漲價。我們在電器城看到的電視機是很好的例子。被指控傾銷的亞洲企業好像一直把價格保持在低於成本的水平上。」

「但那是不可能的！」

「確實如此。要麼是他們根本就沒有傾銷，要麼他們是大公無私的利他主義者。他們以低於成本的價格向美國消費者出售商品，這看起來不太可能。」

「但如果不是傾銷，那是怎麼回事？」

「你看不出來嗎？」

「他們一定有某種成本優勢。」

「完全正確。」

「我可以想出兩種成本優勢，戴夫。一種是他們在生產電視機或其他產品方面比我們更厲害。但是第二種優勢就不公平了：也許他們的政府給予他們補貼。」

「那些遭遇競爭的美國廠商們也普遍提出這種指控，但是這觀點沒有什麼依據。讓我們來舉一個最極端的例子：試想日本政府給電視機和汽車工業足夠的資助，以致於日本人把他們的產品『免費送給』美國人。用另一個國家寶貴的資本和勞動力來免費為你生產商品，還有比這個更大的恩惠嗎？對於美國來說可真是一大福音啊！」

「可是，戴夫，如果日本政府給予日本廠商補貼使得美國廠商被迫停產，我們不就任人宰割了？我們關閉了生產電視機和汽車的工廠，日本人可以抬高價格了。」

「這種觀點聽起來很像你剛才反對的那種論調。」

「我反對的論點是：外國公司會承受巨大的短期虧損，期望在未來抬高價格以彌補這些損失，同時期望美國公司不再進入市場。但是在政府補貼的情況下，政府會承擔這筆損失，日本公司在考慮降價時就不必擔心損失。」

「讓我們看看太平洋彼岸的情形。由於進口限制的存在，稻米在日本的售價是美國的五倍以上。試想日本允許進口美國稻米，為了論證方便起見，再假設美國的農民可以在日本農民無利可圖的價位上供應日本所需的所有稻米。你想想會發生什麼事？」

「美國生產者會形成壟斷，他們可以提高價格並且從中牟利。原先那些稻田可能已經被鋪成道路，也許辦公大樓會拔地而起。這樣一來，日本怎麼還可能重新開發這些土地呢？不可能了，這代價太大了。即使他們想從頭開始，他們又怎麼知道美國不會再降價而使他們遭受更大的損失呢？如果我是一個愛吃米食的日本人，我肯定會整天提心吊膽，寢食難安。」

「告訴我，艾德。你從哪兒買來製造電視機外殼的木材？」

「芝加哥附近的一個木材供應商。」

「你會不會擔心他們對你漫天要價，或者一夜之間提高價格二五％？」

「不會。」

「為什麼不會？」

「他們知道我可以另尋供應商。」

「你怎麼知道新的供應商不會試圖索取前一個供應商的天價呢？」

「我會馬上停止從他那兒購買並且再找別人。另外，新的供應商一定很想得到我這筆生意，他得給我一個低價以促使我跟他合作。」

「即使日本消費者『依賴』上了美國的稻米，你不覺得這種供應商之間的競爭壓力也會阻止美國的稻米供應商去剝削日本人嗎？在美國，有許多種稻米的農民在爭奪日本客戶。即使美國政府接管了這一市場，並作為一個大壟斷者來剝削日本，那日本人也可以轉向其他國家的供應商。因此，除非稻米是僅生長在少數地區的稀有作物，否則日本人完全可以高枕無憂。」

「既然如此，為什麼日本還要禁止進口美國稻米呢？」

「那為什麼美國電視機製造商企圖抵制日本電視機呢？噢，它一定會聲稱是保護美國的消費者不受外國劣質產品的侵害，但這不是真正的理由，對吧？」

「原來如此，我明白了。你是說，一些美國公司破產是因為日本能更便宜地生產這些產品；日本公司之間以及和其他國家的競爭會使得價格保持在低水平；日本和美國都因此變得更加富有了。因此，傾銷不是一個有利可圖的策略。」

「完全正確。但不幸的是，在我們早些時候訪問過的存在進口的美國，商務部對『傾銷』有更寬鬆的定義。美國商務部規定，如果一個外國生產商在美國出售某產品的價格比在本國的價格低，這個外國生產商就是在傾銷商品。其中隱含的意思是，它在美國以低於成本的價格銷售產品。」

「可能確實如此，不是嗎，戴夫？」

「可以這麼認為，但不是因為我們以前討論過的原因。在兩個不同的市場上有許多無辜的理由可以使價格出現差異：比如說由於短期的幣值波動，或是不同的市場條件。可衡量的價格差異並不意味著掠奪性的動機，但是商務部對此不屑一顧。它對那些試圖阻礙外國競爭的美國公司唯命是從，只比較這兩個價格作為政策依據。」

「看起來倒直截了當。」

「其實不然。商務部獲取了外國生產商在本國市場前六個月的平均價格，如果它在美國的任何一筆貿易低於這個平均價格——甚至即使美國的平均價格高於這個平均價格——那個外國生產商就會被控傾銷。商品價格和匯率的正常波動都很容易被裁定為傾銷。商務部還作了許多武斷的裁定來衡量產品的品質等等。政治目的驅使它去尋找傾銷，即使有時傾銷根本就不存在。」

「你能證明它有偏見嗎，戴夫？」

「在一九八六到一九九二年間，商務部審理了二百五十一個傾銷案，其中九七％的案件都被它找到了證據。」

「這個比例頗高的。商務部裁定這些外國生產商違法後會怎麼做？」

「美國國際貿易委員會（ＩＴＣ）就要裁定，美國廠商是否由於外國廠商的低價而受到損失。在被商務部判為傾銷的案件中，美國國際貿易委員會認為六八％的案件都讓美國競爭者造成了損失。」

「那些被發現有傾銷行為的外國生產商會受到怎樣的處罰？」

「他們要為售出的每一件產品繳納反傾銷罰款。罰款額是由商務部算出的『公平價格』和美國價格之間的差額。」

「看起來和關稅差不多。」

「非常像。比方說，如果商務部認為『公平』價格應該是八美元，而這個商品到美國只賣六美元，那麼外國生產商在美國每賣一件商品就要付二美元，它的作用相當於三三%的關稅。在八〇年代末，平均的罰款額比美國市場售價的五〇%還要高。你可以看到，反傾銷法是如何鼓勵外國人提高他們的價格以避免罰款，但在『公平貿易』的名義下，消費者的利益受到了損害。在一九八五到一九八九年間，有五十多種不同的商品被徵收了反傾銷罰款或反補貼關稅——一種類似的罰款。那時一般的美國人可能會得出這樣一個結論：傾銷是一種普遍的經濟現象，而實際上它可能並不存在。」

「但是總會有一些案例確實是傾銷，戴夫。」

「不太可能。我給你舉一個我最欣賞的例子吧。這個例子頗具代表性，特別是對那些來自共產國家的商品來說。波蘭曾經被指控向美國傾銷高爾夫電動車，但是波蘭市場上沒有電動車，很難讓人相信這裡面有傾銷行為存在。但是美國商務部必須做出裁決，它是怎麼做的呢？在波蘭沒有這樣一個價格可以作為『公平』價格的參考。在這種情況下，美國商務部找到一個和波蘭的經濟相似的國家——加拿大，並把在加拿大銷售的加拿大製的電動車價格，和在美國銷售的波蘭製電動車價格作比較。」

「你的意思是說，它們使用的不是波蘭生產商在加拿大的售價？」

「對，不是。它們使用的是加拿大生產商在本國的售價，並假設如果波蘭生產商在本國銷售，它們也會採用這個價格。」

「似乎有些牽強。」

「沒錯。但是你瞧，它們正是採用這些富有創意的定義來發現傾銷的。幾年以後，這個判決被重新審議。這一次，政府沒有使用加拿大作為參考系。」

「為什麼沒有呢？」

「誰知道？也許是因為這次使用加拿大的話，就無法發現傾銷了。這次，商務部採取了法律容許的另一種方法，叫『推算價格』（constructed value）。用這種方法，先估算一個成本，然後加上八％的利潤，這樣就得到了外國生產商在本國的售價。」

「它們是怎麼估算成本的？」

「正如你所想像的，由於你計算日常開支等等問題的方法不同，你得出的估算值可能會相差很大。八％這個利潤標準絕對是武斷的，甚至還改變了傾銷的定義。對於那些來自共產國家的商品來說，傾銷的定義就更加新穎了。因為波蘭是共產國家，工資和其他的價格是人為制定，而不是由市場決定的。如果使用波蘭的工資率來計算商品價值，算出來的成本和波蘭本國售價都比較低，這樣就不能裁定為傾銷了。所以這次商務部採用了西班牙的工資作為參考。」

「西班牙！為什麼採用西班牙呢？」

「我知道這很離譜，但這一次商務部又作了一個不由分說的武斷決定。一個想避免傾銷懲罰的國外生產商，在不厭其煩地用英文填了一百多頁調查問卷之後，還是莫名其妙地被判處巨額罰款。在判決前，無論他如何小心謹慎，他也根本猜不出用來作為參考的是哪個國家。可以想像，這樣一個過程對外國廠商競價的動機影響不小。」

「但是美國商務部一定曾經發現過真正的傾銷行為，可能外國生產商確實是以低於成本的價格在美國銷售商品。」

「存在這種可能性，但是可能性很小。即使如此，消費者也會從中受益。但是設想一下，如果一個外國生產商確實以低於成本的價格銷售並且你想制止這種行為。你明白為什麼一個反傾銷法——即使其出發點是好的——也很容易適得其反嗎？實施這樣一個法律的權力操縱在政客們的手中。你發現這不是一個公平的世界，而是一個商務部利用獨斷的程序來發現高達九七％的傾銷案例的世界。歸根究柢，倒楣的是消費者。順道一提，美國的反傾銷法還有另外一個貽害無窮的作用。」

「是什麼，戴夫？」

「以牙還牙，以眼還眼，遭到美國反傾銷法懲罰的國家，也會參照美國的模式制定自己的反傾銷法。例如。孟山都（Monsanto）公司在歐洲和美國出售『營養糖』（Nutrasweet），一種低卡路里的甜味劑，它是受到專利保護的，但是這種專利在歐洲的截止日期比在美國要早。孟山都公司在歐洲遇到了競爭。猜猜『營養糖』在哪裡價格比較低呢？」

「在歐洲。孟山都公司在歐洲有競爭對手。」

「完全正確。但是因為這種糖在歐洲的價格比在美國低，歐洲國家對它徵收了七五％的反傾銷稅或關稅，雖然孟山都公司在兩個市場的售價都遠遠高於生產成本。結果孟山都公司在歐洲建了一個『營養糖』工廠，這從經濟角度來看並無任何意義，只是為了逃避七五％的稅。生產這種營養糖的替代品的歐洲生產商財源廣進，但卻是以犧牲歐洲消費者的利益為代價，而從全世界來看，貿易的減少使整個世界變窮了。」

「行了，戴夫，我懂了。用反傾銷法來『維護公平競爭』是代價高昂、得不償失的。有什麼更好的辦法來對付外國設置的貿易障礙呢？」

「一個頗受歡迎的方法是，如果一些國家不降低它們的貿易障礙，就用某種形式的報復來威脅它們。」

「這有效嗎？」

「我一時間想不起什麼例子。不過貿易障礙之所以存在，並不是因為什麼令人信服的經濟學理論證明它們是對國家有益的，而是因為它們能保證國內生產商利潤豐厚。還記得日本稻米那個例子嗎？日本的政治制度設計，使得農村的選票影響力相當大，因此日本的稻米生產商擁有不尋常的權力。對日本汽車徵收關稅的威脅會促使日本政府同意從美國進口稻米嗎？這種威脅並不會減少稻米生產商在日本議會中的勢力。問問你自己，艾德，如果日本人以同樣的方式威脅美國，美國人會怎麼想呢？」

「但是如果雙方協議降低關稅和配額還行不通的話，一個國家還能怎麼樣到境外去降低其貿易障礙呢？」

「去做對你本國人民最有利的事，對全世界的產品開放你的市場。如果真如某些人宣稱的，日本不准美國的稻米或汽車進入本國市場，那就不要和它計較。允許任意數量的汽車免稅進入美國市場，美國消費者就會享受到更便宜的汽車，美國就會變得更富裕，同時世界上其他國家也會注意到這一情況。正是這個政策使我的祖國英國在十九世紀受益匪淺。」

「那麼何不對其他國家施加關稅的威脅，以迫使他們降低關稅？」

「也許吧，如果這個威脅確實有效的話。但是，一段時間以後，一個從未被實施過的威脅就不再可信了。如果你要維持可信度的話，最終你就必須以『開放你的貿易夥伴的市場』之名將這一威脅付諸實踐，施加關稅。」

「真有那麼糟嗎？」

「如果這對外國的貿易障礙沒有發揮作用而只是損害了美國消費者的話，確實挺糟的。而且，我發現背後的動機是很難當真的。雖然關稅可能會促使外國人減少貿易障礙，但它也為宣揚貿易保護主義的政客提供了分享這塊利益的良機。拿一個代表密西根州或密蘇里州的議員來說吧，在這兩州有許多汽車工廠，因此這類議員必定是貿易保護主義者，要設法提高他們所在地區的薪資水準。」

「這是他們的職責所在，不是嗎？」

「很難說。他會幫助了選民中的某個集團而損害了占選民大多數的、利益多元化的汽車買主的利益。如果政客們坦誠一點，我會覺得舒服一點。如果你稱他們為貿易保護主義者，他們就會用震驚和恐懼的目光看著你說：『我是貿易保護主義者？先生，你這就冤枉我了。我支持自由貿易，但我也支持公平貿易。如果世界上的其他國家都實行自由貿易，那我們也會欣然加入。而事實上，我們要敦促它們採取自由貿易；我們要用關稅來制裁它們，直到它們取消它們自己的關稅。我的目的不是幫助那些在競選中不遺餘力支持我的汽車製造商和工人們變得更富有。哦，絕對不是！我的動力來自對國家的熱愛，我是要讓其他國家都明白這個道理。』他們靠這些政治宣傳，把自私自利的本質隱藏在愛國主義和利他主義的外衣之下。沒有證據表明，這些做法可以有效地降低其他國家的貿易障礙，它們的主要作用是把密蘇里州或密西根州的薪資維持在高水準。」

「標榜自己是自由貿易者卻又同時投票支持關稅，這簡直像愛麗絲夢遊仙境一樣令人難以置信。」

「這些國會議員還有其他口實來挽救他們的公眾形象。他們會告訴你，自由貿易只是在理論上可行，或者只有當其他國家都奉行自由貿易原則時才有用。這只是用來掩飾狹隘的利己主義的高調罷了。」

「只有當所有人都奉行自由貿易原則時它才有用，這種說法是否有正確的一面呢？」

「為什麼一定要如此呢？為什麼必須在每個國家都奉行自由貿易下美國才能從自由貿易

中獲益呢？讓我來簡單解釋一下。假設歐洲農民利用他們的政治影響力抵制美國農產品，美國可以選擇允許或者不允許歐洲的產品進入美國。哪一個對美國更好呢？除非拒絕歐洲產品會迫使它改變政策，否則你的做法都是有害美國人民的，因為你看，歐洲政府正在傷害自己的人民而不自知。」

「這麼說，最好的選擇應該是單方面鼓吹自由貿易了？」

「是的，儘管在廿世紀後半期，美國主要採用了一種多邊形式來敦促世界各國共同降低貿易障礙。」

「你一定是贊成這個作法了。」

「原則上是的。讓世界貿易往更自由的方向前進是個不錯的想法。但是最徹底的作法，我想美國乾脆宣布開放邊界，歡迎世界上所有的國家來和它進行貿易。」

「但是如果其他國家也這麼做，那不是比較好嗎？」

「是啊，有時它們也會這麼做。問題就出在細部作業。許多所謂的自由貿易協定也許稱為『管理貿易協定』（managed trade agreement）會比較恰當。裡頭滿是附加條文、附屬協定、附錄和附約，讓這個或那個產品有些特殊待遇。這個產品不會自由進來，它還是帶著特殊的關稅稅率。這產品會有它的配額保護。這些協定談不上自由，都只是政治口號而已。因為有特殊待遇的可能，每一個行業就會試圖獲得保護。即使某個行業失去保護，還是會有個漸進的緩衝期，維持原有的關稅與配額。」

「這聽起來很公平啊，戴夫。那麼這個行業的人才有機會另謀他圖，準備迎向自由市場中，與競爭對手硬碰硬地挑戰。」

「沒錯。不過這也表示政客們可以改變主意。政治上的東西，沒什麼是牢不可破的。另一個問題是，當你有了那許多特殊期待與緩衝期，難免就得配合一些官僚作業，來監控兩國是否確實遵循。這個官僚單位一旦坐大，裡頭的官員就會變得不太在意自由貿易，他們比較感興趣的是，在下一回合的貿易談判裡，該如何微調這個層面或那個層面。但是也許比這些效應還要糟糕的，是這些多邊協議所形成的教育後果。」

「教育後果？」

「美國總統在說明自由貿易時，難免就要成為一個重商主義者。他會……」

「重什麼主義者？」

「對不起。重商主義者就是我們談到的，相信一國經濟的強健依賴的是貿易順差。重商主義者相信進口是不好的——它們會摧毀工作機會。出口是好的——它們會創造工作機會。他們並不了解，貿易影響到的，是一國的工作種類，而非工作數量。他們並不了解，你無法單單控制出口，而不理會進口。他們並不了解，貿易逆差是資本公積的另一面。」

「這又和教育有何關係呢？」

「每當有人考慮到所謂的自由貿易協定，無論當時的美國總統是誰，就會想方設法，要取得民眾支持該協定。他會談到這是多了不起的一件事，因為它將會開啟外國市場，讓美國產品進入。」

「這也沒錯啊。」

「沒錯，美國公司可以將產品賣給別人，當然沒錯。但這不是貿易的重點。這個論點讓人民以為，美國開放市場是必須付出的代價——代價啊！——才能讓別的國家開放市場來接納美國產品。貿易的真諦在於，讓這世上的人們有機會彼此合作，共享彼此的才能，轉而讓每一個人，以及每一個國家做出最明智的事。當總統提出重商主義者的論調，就會讓人們以為自由貿易是一種零和的遊戲，要取得利益，你就得放棄什麼東西。事實上美國只要開放市場，就會有好處，而不是因此而『得到什麼東西』。當其他國家開放他們的市場，最主要的受益者不是美國，而是那些國家的人民，因為此後他們就可以得到美國的產品與服務。」

「所以那些多邊的協議結果如何？」

「『關稅暨貿易總協定』（General Agreement of Tariffs and Trade，簡稱GATT）在第二

次世界大戰之後不久開始運作。整體來說，GATT是成功的。在這些協定生效期間，全球貿易壁壘降低，國際貿易增加了好幾倍。儘管如此，問題依然存在。表面上贊同自由貿易的國家仍可以採用反傾銷罰款等手段來奉行保護主義政策，各國在逃避協定約束方面實在是創意可嘉。有鑒於此，世界各國建立了一個解決爭端的機制和貿易談判的論壇，以期進一步促進自由貿易。它們給它取了個不幸的名字，叫『世界貿易組織』（WTO）。其中『世界』的字眼給反對者提供了將WTO妖魔化的藉口，他們說這像是一個邪惡的世界政府，企圖威脅各國的國家主權。」

「是這樣嗎？」

「如果你簽署了自由貿易的協定並且希望其他國家同樣這麼做，那麼你就必須放棄一些抵制外國產品的權利，否則還不如不加入該組織。但是，WTO是沒有政策強制力量的。WTO真正的問題是，它將那些多邊的協議神聖化，並且褒揚那個用來進行協商與監控的官僚系統。到頭來美國並不是擁護自由貿易，而是擁護協商與多邊協議。但是大多數批評WTO的人都有不同的抱怨。我講個故事給你聽吧。廿世紀末，美國人對環境問題越來越關注。」

「環境問題？」

「和環保相關的一些問題，比如說清潔的空氣和水資源，對自然和野生動植物的保護等。」

「聽起來不錯。」

「沒錯。美國通過了『空氣淨化法』（Clean Air Act），禁止企業將過量有害物質排放到空氣中。該法案中的一個條款涉及到在美國出售的汽油的『潔淨度』，因為某些種類的汽油比其他的包含更多化學物質。一九九〇年，在修訂這些規定的時候，外國煉油廠必須比美國煉油廠達到更高的產品標準。當然，這要歸功於美國廠商遊說政客的功力了。」

「結果如何？」

「WTO成立之後，外國競爭者向WTO投訴，聲稱這一法令違背了WTO的準則，因為美國廠商面對的產品標準要寬鬆得多。它們言之有理，最後贏了。」

「贏了意味著什麼呢？WTO能更改美國的法律嗎？」

「不能。還記得WTO缺乏強制機制吧？當美國在WTO輸掉的時候，還有兩個選擇。第一個選擇是將這個裁決置之不理。如此，受到美國歧視性待遇的國家就可以對美國的出口商品徵收關稅，這並不違反GATT。這對美國的懲罰微乎其微，反倒對受害國火上加油。第二個選擇是修改美國的環保法令，給外國廠商平等的待遇。事實上，美國選擇了後者。」

「合情合理。那為什麼人們對WTO褒貶不一呢？」

「有些人覺得，既然美國制定了自己的環保法，當然就有權歧視外國廠商了，WTO憑什麼管美國的環保法呢？這看似有理，其實不過是為本國企業抵制外國競爭提供了一個冠冕堂皇的藉口而已。如果你真的希望擁有清新的空氣，那最好對所有企業一視同仁，而不是對美國企業網開一面。事實上，廿世紀末與廿一世紀初的每一個自由貿易協定都引起不少爭議。」

「我可以理解。」

「我也可以。改變是很嚇人的。有趣的是，批評貿易的人可以兩邊討好。」

「怎麼說？」

「他們說貿易對美國不好，而且對貧窮的國家也不好。」

13 全球化對窮人有利嗎？

「我只擔心貿易會傷害美國。為什麼它會傷害外國的窮人呢？」

「批評者說，全球貿易體系對窮人是不利的。他們認為，所謂的國際組織，例如世界銀行和國際貨幣基金（International Monetary Fund，簡稱ＩＭＦ）都對窮人很壞。」

「會嗎？」

「其實這兩個組織的使命正好相反，都是為了幫助世上的窮人，尤其是世界銀行。」

「它們的成效如何？」

「在ＩＭＦ工作的人說ＩＭＦ做得很好，世界銀行糟透了。世界銀行的人就說，世銀做得很好，ＩＭＦ糟透了。」

「有誰是對的嗎？」

「很不幸。我想他們都說對了。兩個機構都沒做好，雖然並非出自那些批評者所說的原因。追究起來，脫離貧窮、成就斐然的那些人，和世銀或ＩＭＦ都沒有很大關係，或根本毫無關係。成就最大的，如中國和印度——以及較早期的日本——他們運用貿易、外國投資與更開放的國內市場，以改善他們人民的生活。中國的生活水準從一九八〇年到二〇〇〇年間，提升到成為過去的四倍——四倍啊！——當時中國開放市場，接納外國的投資、貿易與私人企業。印度在同一時期的生活水準也提升了一倍。這些都是了不起的成就，讓數以億計的人民脫離貧窮。擁抱自由貿易與外國投資的國家都繁榮起來。進行鎖國的國家，則必須承受痛苦。世銀與ＩＭＦ協助的國家通常都還是一樣窮。」

「世界銀行和ＩＭＦ有足夠的錢可以把事情做好嗎？」

「唉呀，你甚至可以說他們的錢太多了。」

「這是什麼意思？」

「世界銀行和ＩＭＦ無法改善窮國的困境，這證實了一句金玉良言——花多少錢不打緊，重要的是怎麼花。在一九五〇年到二〇〇五年間，富國為了幫助貧國，花費與借貸的金額高達千億。如果意圖等於結果，這世界已經不再有貧窮，或至少是少了很多。但是我們無法心想事成。那些錢的影響很有限，甚至等於零。」

「但是，戴夫，你一定是太誇張了。幾千億的錢一定能做點什麼事的。」

「是啊，他們是做了一些事。只是沒幫上那些窮人的忙。世界銀行和IMF贈予或放貸出去的錢尤其缺乏效益。」

「那又是為什麼呢？那麼多錢，總會有點成果。」

「這些錢大多沒到達他們原本想要幫助的人——即窮人——手上。很多貧窮國家的領導人都是一些富裕的殺手，他們把國際支援收到自己的口袋裡，就變得更有錢了。」

「他們偷這些錢嗎？」

「有時候就是這麼簡單。有時他們拿這些去任命一些無能的朋友為官。有時就只是沒做到那些錢原本預定的用途，把錢揮霍掉了。在獨裁政權裡，很難去監控他們是否遵守規定。但有時候援助失敗的原因是計畫成果不如預期，集中於一個特殊計畫，例如興建水庫或發電廠或工廠，結果這些單位的生產力未達籌畫者的期望。諷刺的是，或者比較正確的說法是，這是一場悲劇，因為世銀與IMF向來被視為自由貿易的堡壘。當這些組織無法達成目標，也就同時破壞了自由貿易與自由市場的名譽。」

「世銀和IMF都認同自由貿易嗎？」

「號稱是的。他們自己是這麼說的。但自由貿易與自由市場指的是人們可以自由選擇。

世銀和IMF卻老是在指示那些政府做這做那——蓋這座水庫或把錢花在教育上或蓋好這座公營的工廠。難怪有許多計畫結果都不如預期。」

「但是如果一個貧窮國家的學校不夠，幫他們蓋學校總是好事一件吧？」

「你當然也會這麼想，可不是嗎？還有什麼比這更直接的？人們會貧窮的原因是他們沒有足夠的教育。因此應該要蓋幾所好學校，有些不錯的教室和不錯的書本，甚至有時候還有幾部電腦。」

「所以那些學校始終沒蓋起來嗎？官員貪污使得錢沒辦法用在教育上嗎？」

「有時是如此。但是往往學校都蓋起來了，只是學生不來。他們的父母沒辦法讓他們上學。他們得到田裡工作。或是這個國家根本不存在需要良好教育的工作。這些官僚善意十足，卻往往缺乏足夠的資訊，而無法全盤了解他們真正可能達成的效果是什麼。」

「那麼人們為什麼會認為世銀或IMF是自由貿易組織呢？」

「世銀和IMF並不只是出資讓人們興建水庫與發電廠，花錢在一些像是教育這類的特定目標上而已。有時他們會鼓勵各國降低自己的關稅，開放資本市場。或者他們會讓某個政府解除財政危機，條件是它的財務必須恢復秩序。他們會要求那些求取金援的政府平衡預算，或是降低通貨膨脹或改善某些國營企業的績效表現。那些改變和自由貿易都沒有多大關係。」

「那些改革奏效嗎？」

「人們對這個狀況老是視而不見。華府的國際組織責任感低，對他們想幫助的國家資訊也不足，只是對宏觀經濟的微觀管理，這種種作風都不是解決自由市場問題的方法。何況還有遵守規則的問題。世銀和ＩＭＦ都會要求某種形態的改革，但他們又如何去證實該國是否確實有所改革？而且他們即使認為接受金援的國家並未履行約定，也會發現很難真的不再給錢。只要那些領導人再提出一個新的承諾，說這次一定會改善，他們還是一樣會再把錢給出去。不可思議的是，類似的事情年復一年地發生，數十年來都是如此。」

「為什麼呢？他們就沒辦法拒絕嗎？」

「往往需要的是現在所謂的『嚴格的愛』（tough love）——行為不當時就不給錢，不給好處。但是官僚並不是好父母，嚴格不嚴格都一樣。太多自利行為，沒有足夠的愛。水無法濃於血。畢竟世銀和ＩＭＦ不過就是借錢與花錢的機構。他們的工作就是借錢給貧窮的國家，在窮國身上花錢。他們在付款時，並不在乎對方還不還錢，或是不是把錢花在刀口上。他們做這些事時，除了善意之外，沒有別的動機。你想這樣的作風，結果可能會有多好嗎？」

「你說得好像他們一無是處。你確定你沒有誇大其辭嗎？」

「我還真希望我說的不是事實呢。沒錯，有時候，少之又少的案例，有個真正的經濟成長是出自世銀或ＩＭＦ的貸款。但不幸的是失敗的紀錄太多，而且長期以來都是如此。舉個例子。在一九八〇到一九九四年間，有十二個貧窮國家平均每年從世銀或ＩＭＦ取得一次貸款。那些貸款的條件都是要求那些國家要改善他們的政策。而這十二個國家的成長率中數為零。零！哪裡一定有問題。奇怪的是，人們對世銀或ＩＭＦ的批評，都是他們要求太多，或是太過市場掛帥。批評者要求世銀或ＩＭＦ付出更多的錢，或是原諒過去尚未償還的借貸。但是最大的問題並不是世銀或ＩＭＦ的要求，也不是他們所謂的市場掛帥。儘管善意十足，他們到頭來還是得適應那些貪污又無能的政府。而批評這兩個組織的人，通常都把他們的失敗怪罪到美國身上。」

「但你不是說世界銀行和ＩＭＦ是國際組織嗎？」

「我是這麼說的。它們也的確是的。但它們的總部在美國。人們都說世銀和ＩＭＦ是跨國企業獲取利益的卒子，它們真正的任務是要讓人們保持貧窮，或是加強美國的權力與影響力。批評者說整個世界貿易體系是為了讓美國富有而設計的，付出代價的則是世界上的窮人。」

「假如這是真的，那可真叫人難過了。」

「企業喜歡賺錢。這是它們存在的原因。而且只要可能的話，它們就會扭曲這些機構，朝賺錢的目標前進。它們會控制世銀和ＩＭＦ，而且世界貿易的架構也變得誇大不實。人們會認為世銀和ＩＭＦ只是美國執行一些大陰謀的卒子，真正的問題在於世銀和ＩＭＦ沒有實權。接受它們的援助與條件的國家——無論它們是否真正遵循那些條件，或只是視而不見——都是免費取得。批評者提到我剛才說的一些不良表現，於是開始怪罪世銀或ＩＭＦ或美國。但是它們為什麼還繼續拿錢呢？它們為什麼繼續貸款？是那些政府和領導人沒照顧好他們國家的窮人，而不是世銀或ＩＭＦ或美國或跨國公司。前面說過了，在某些情況下，有些強大的特殊利益團體會為了自己而扭曲了貿易規則。」

「舉例來說？」

「在二〇〇五年，美國簽署了『中美洲自由貿易協定』（Central American Free Trade Agreement，簡稱ＣＡＦＴＡ）。那是為了在宏都拉斯、薩爾瓦多、哥斯大黎加、巴拿馬、瓜地馬拉與多明尼加共和國之間創造自由貿易。但我們在談到所謂自由貿易協定時，我曾提過，那其中充滿了期待與漸進過程，以及為了某些產業而設的特殊條款。其中有個非常奇怪的條款，就是限制蔗糖從中美洲國家進口到美國來。」

「這倒是挺奇怪的。自由貿易協定卻限制進口。」

「還有更怪的。儘管這協定不允許蔗糖的自由貿易，卻允許擴大進口，大幅增加到等於美國蔗糖消費量的一%。」

「你是說一%嗎？」

「是的。『大幅』只是一個諷刺性的說法。然而，美國蔗糖工業成為該協定的最主要反對力量。就連這一%都讓他們無法承受。為了降低這協定所造成的政治成本，便加上一些附帶條款，使得這協定之下的貿易更不自由。當這協定終於通過了，或許應該把它改名為『中美洲管理貿易協定』（Central American Managed Trade Agreement，簡稱CAMTA）。這真是夠奇怪了。但你想想，對多明尼加共和國和其他參與協定的國家來說，這種做法有多詭異。在這些國家，有許多窮得沒飯吃的人急著想要種甘蔗，收成了賣給有錢的美國人。然而美國到頭來跟他們說的是，他們不能得到自由貿易的好處，因為有些政治勢力在關照少數幾州裡，寥寥可數的種植甜菜和甘蔗的農人。結果當然了，美國消費者也為了這個照顧少數人的政策付出代價——糖價幾乎是真正自由貿易制度之下的兩倍。這使得美國所有的食物和飲料都比較貴。美國就是支持這樣的政策，而傷害了真正的自由貿易，也使得美國飽受攻擊，說它傷害了世上的窮人。但也有一些說法是無稽之談。」

「例如？」

「人們喜歡說，美國人口只佔全世界的五%，卻擁有全世界二五%的收入。那些著眼於這一點的人並不公平，正如那些將這世界看成一個零和遊戲的人一樣——假如美國富裕，美國的財富一定是從什麼地方得來的。這些批評者說，它顯然是來自世上的窮國。畢竟它們很窮，不是嗎？但其實美國有錢並不是以鄰為壑的結果。」

「但你不是說美國有能力從中國和墨西哥和印尼買到便宜的產品，所以變得更富有嗎？」

「是的，那確實有利於美國的消費者。他們可以省下較多的金錢去購買其他產品，而製造那些產品的產業裡的工人與員工與股東也得到好處。但是在墨西哥和印尼和中國的人也一樣獲益。在那些貧窮國家的上億人口都改善了他們的生活水準。以美國的水準來說固然不高，但是比起過去是改善了。你想中國或印尼或墨西哥人如果拒絕和美國貿易的話，他們會富有得起來嗎？那些人是很窮沒錯。但他們如果不加入全球經濟的運作，就會更窮。還可以從另一個角度來看這件事。假設美國人突然決定他們努力工作的時間減半，花比較多的時間閱讀，和家人相聚等等。」

「美國就會變得很窮。」

「以金錢來說，是的。不看金錢的話，美國人應該會變得更富有。想像中，他們應該能夠享受比較多親子共處的時光，而不是因為辛勤工作而可以享受較多的物品與服務。這應該是他們決定要較少工作，享受較多休閒生活的原因。只不過美國人的收入就減少了。他們將不再佔有全球四分之一的收入。但是這些收入與資源並不會神奇地流到其他國家的窮人身上。美國人辛勤工作創造出來的物品與服務根本就不會存在。世上其他的地方會佔有較高的世界所得。但那只是因為它的分母減少了。說起來，其他國家因為少了和美國之間的貿易機會，反而會變得比較貧窮。美國損失的收入，世上其他地方的窮人也無法得到，因為現在美國人也得不到了。但是有一種方式，是會讓美國富有而其他國家貧窮的。」

「什麼方式呢，戴夫？」

「美國人喜歡享受自己賺來的金錢。他們辛苦工作，享受得來的所有物品與服務。事實上他們可以給出去。他們可以把這些錢送給世上其他地方的窮人。假如美國人持有較少，其他人就可以得到較多。」

「這聽起來是簡單算術。」

「好像是這樣。但是大多數美國人努力工作的目的並不是要把錢送給外國人。他們是為了改善自己和家人的生活。因此如果你說，這世界之所以貧窮，是因為美國人愛享受自己工作的成果，這好像怪了一點。不過我認為，如果美國人覺得金援可以造成真正的效果，他們會願意把自己辛勤工作賺來的錢，多送一點外國人。而且多的是專家在敦促世上富有國家的政府慷慨一些。只可惜過去那些努力始終成效不彰。所有的外援對貧窮產生的影響都是微不足道的。捐贈者的善意到頭來總是產生令人意外的結果。」

「但是這聽起來好像是個藉口，讓你無所作為。當你說外援失敗，你的意思是說做什麼都沒用，而且也應該什麼都不做嗎？」

「我是說，當你發現自己在洞裡，就別再挖了。你當然不應該再挖得更快一點，或是去買一把更貴的鏟子。」

「那麼應該要做什麼呢？」

「世上富裕的國家應該要開放邊界，接納窮人的產品與技能。富有的國家不應該繼續補助少數本國的富農。那會懲罰到美國的納稅人和世上的窮人，後者最擅長的通常是農務，卻不是獲得補助的美國與歐洲農產品的對手。富有的國家也不應該再想要幫助政府惡劣的國家創造好的經濟。這是行不通的。世上的富國也不應該再把錢送給一些腐敗的獨裁政府，那些領導人只會把錢放進自己的口袋。這就製造了一種誘因，領導人會想讓他們的窮人繼續窮下去。假如富國想要送錢，就應該要在改革完成之後給，而不是送錢幫助改革，而使得改革永遠無法成真。富有的國家應該要把錢送給那些開放經濟，而且減少窮人數字的國家，而不是獎勵那些讓窮者恆窮的國家。那些都只是政治手段而已。富國的富人應該要鼓勵他們的政府掌握這些原則。但是以個人來說，他們就應該要資助一些慈善機構，幫助窮國裡有創意有雄心的人取得資金，以創造經濟繁榮，也就是所謂的微型貸款（microlending）。最後一點，面對那些徒有善意卻無法改善窮人景況的政策，富國及其富有的公民都應該要敬而遠之。」

「例如？」

「批評自由貿易的人想要窮國的工人也得到和美國一樣的勞動標準。同樣的最低工資，同樣的安全標準，同樣的加班補助，和美國一樣的乾淨的空氣和水。」

「聽起來不壞啊。」

「也許吧。倡議這些勞動標準最大聲的就是美國工會。他們說他們關心窮人，但我懷疑自利才是他們最大的動機。到了廿世紀末，加入工會的美國私人企業還不到十%。開放邊界，開放貿易，這都意味著許多外國工人做的工作在過去都是工會運動的主幹。要求其他國家遵守較嚴格的環境規則，較高的安全標準，較高的薪資，這些都只是庇護了美國工人，卻傷害了全世界窮困潦倒的工人。因此，我猜那些工會領袖是另有所圖，並不像看起來那樣大公無私。」

「但是你何必去理會他們的動機呢，對那些貧窮的工人而言，只要結果是較佳的工作條件，那不是很好嗎？」

「真正的問題是，貧窮的工人是不是過得比較好。」

「你別開玩笑了吧，戴夫？工人如果有較高的工資，較安全的工作條件，較乾淨的空氣，那怎麼可能反而對他們不好呢？」

「墨西哥、肯亞和其他國家的悲劇是，他們的人民教育水準較低，技能也比較缺乏。如果我們跟美國公司說，他們支付墨西哥人和肯亞人的工資必須和美國的水準相當，那些公司就不會想要在那些貧窮的國家開創另一片天。如果那些支付較低薪資的雇主都不去了，我認為那對美國國外的窮人也沒有好處，因為他們只剩自己國內的公司可供選擇，而他們付的工資更低。如果你有興趣，我可以跟天上的人說說，讓我們回到一八五〇年的美國看一看。當時，工作條件惡劣，工資極低。如果當時美國採用了現行的勞動標準，那麼今天的成功根本不可能。今天的美國可能跟一八五〇年相差無幾。」

「但是空氣和水的品質呢，戴夫？如果墨西哥等國都能遵守美國的環保標準，那不是很好嗎？難道墨西哥工人不嚮往一個空氣清新、水質潔淨的工作環境嗎？」

「也許吧。但是要看怎麼做。你首先要問問自己：為什麼墨西哥一開始沒有採用美國式的標準？把這個問題與貿易議題混在一起妥當嗎？是不是把它留給墨西哥當作國內問題單獨來解決比較好一些?」

「為什麼墨西哥沒有類似的法令呢?」

「要達到這些環保標準非常花錢。在自由貿易的世界裡，美國是廿世紀末最富有的國家，因此具備了達到空氣和水的潔淨標準的實力。但是，有許多國家的人們還在溫飽線上掙扎。讓其他國家都遵循美國式的高標準無疑是傲慢自大的表現。這無異於讓所有國家的公民都使用美國人開的豪華轎車，每晚吃美味牛排，住寬敞舒適的大房子……」

「我想我已經了解了你的意思了，戴夫。但是，潔淨的空氣和水是至關重要的生存條件啊。」

「沒錯，對富人尤其重要。但是，如果所有國家都採用了美國標準，許多孩子可能就餓死街頭，因為他們父母的收入太低了。這同樣是至關重要的事啊。艾德，也許我們應該回到十九世紀黑煙蔽日的倫敦去看一看。密西西比河的情況也差不多。」

「戴夫，密西西比河是什麼樣子?」

「河面上漂著垃圾和污染物。當時的人們何嘗不希望河水清澈呢?但是成本太高了。正因為他們忍受了骯髒的密西西比河，才有了今天的美國，才有了制定高標準環保法令的基礎。如果美國希望墨西哥也能達到相同標準卻不致餓肚子，就必須有足夠的耐心。讓墨西哥實現有效的經濟發展，變得更加富庶，那麼墨西哥人民就會自己選擇採用嚴格的環保標準了。這是美國和其他先進國家在經濟發展中必須要走的路。」

「但是，如果墨西哥的污濁空氣影響到德州、亞利桑那州或加州怎麼辦？難道美國人連抱怨墨西哥工廠的權利都沒有嗎？」

「當然他們是可以投訴的。問題是，美國促使墨西哥保護空氣品質的最佳方式是什麼？如果美國人出於私心或同情，想讓墨西哥人享受潔淨的空氣，那麼他們應該為墨西哥人支付這筆費用嗎？這應該成為貿易法令的一部分或是強調環保的單獨協定的內容嗎？如果美國將這種要求摻雜在貿易法令中，就等於阻礙了墨西哥的經濟發展，等於以降低他們的生活水平為代價來保護空氣品質。」

「但是，美國工人必須面對更高的環保標準，這對他們來講不是很不公平嗎？這又是一個不公平的競賽場，是不是？」

「當然。在美國開工廠和在墨西哥、印尼等國開工廠有千千萬萬個差異，這只是其中之一而已。不知道墨西哥工人是否也會對美國人享有的受教育機會、電腦之類的先進工具以及福利待遇耿耿於懷。貿易政策的目標是為人們提供創造富足快樂生活的機會，而不是保證人人機會相等。如果美國人覺得在墨西哥生活很划算，那他們到墨西哥定居就是了。實際上，人口遷移的方向恰恰相反。」

「因此結論就是，自由貿易對美國有好處，對與美國貿易的國家和人民也有好處？」

「是的。我的比較利益理論有一項貢獻，就是顯示貧窮的國家也可以因為貿易而獲益。通往致富之路其實很簡單。要善用你的資源。所謂資源，我指的並不是傳統的資源，如肥沃的土地、石油與礦產，而是關鍵技術、教育，以及人們的創造力與動力。善用資源的意思是，讓人們有努力工作、改革與冒險的動機。開放你的市場，進行貿易，讓人民的才能可以和其他國家的人才相互平衡。在所有富裕的國家裡，即使最窮的人都是相對富有的，他們有法律的規範，安全的私人財產，開放的貿易邊界，國內也會有比較自由的市場。」

「你說得太簡單了，戴夫。」

「是很簡單。但是要建立法律規範，保障私人財產並不容易。文化與政府的些許差異就會有助於釋放經濟自由的力量。假如那些層面不存在，國家就不見得能夠繁榮。要讓市場在貧窮的國家運作順利，文化與政府在其中扮演什麼樣的角色，這點還很值得經濟學家去探討。但是敞開國門的國家，都會好過不開放的國家。如果我們想要幫助世界上的窮人，就會需要比較開放的政府及貿易。」

14 自給自足是通向貧窮之路

艾德陷入了沉思，這正是我想要的。終於，他抬起頭看著我，面帶困惑。「戴夫，你能不能解釋一下，為什麼人人都開福特『費爾蘭』和雪佛蘭『黑斑羚』呢？」

「艾德，現在是法蘭克．貝茲在一九六〇年當選總統，並且美國通過了禁止進口法案後的世界。你現在看到的美國已經過了四十五年自給自足的日子。我想讓你回憶一下這一系列的事件：從為日本電視機施加配額開始，當人們看到你的工人日益富足時，他們就會要求也保護他們的產業。一般來說，這種努力在現實中會以失敗結尾。但是我被賦予了一種超凡的力量，可以讓你看到假如所有外國商品都被禁止的話將會怎麼樣。」

「戴夫，我現在明白自由貿易的力量了。我不明白的是，為什麼一個沒有貿易的世界會這樣糟糕。畢竟，自給自足是一種美德，自力更生比依賴他人要好啊。」

「看起來似乎如此，但是，自給自足是通向貧窮之路。你告訴過我，你自己不種玉米。但是你至少可以想像一下，你自己做襯衫會怎樣？自己種棉花，把它紡成線，然後再織成布要花掉你多少時間？這樣的話，你確實是自給自足了，但是如果依靠棉農、紡紗工和織布工不是會更好嗎？完全靠自己來縫製衣服鞋帽、種植五穀雜糧，只能使生活陷入悲慘的窘境，這不是顯而易見嗎？」

「沒錯，但是你把一個不錯的想法恣意發揮到了極致。不能完全自給自足，並不意味著在一定程度上自給自足是一件壞事。」

「我同意，艾德。通常，在一定程度上自給自足是有好處的，而『依靠』其他國家也有好處。只要你正確地定義這些概念，它們都不能稱為是『美德』。當你從百貨公司買襯衫時，你就已經依靠了一長串的人，從埃及的棉農到百貨公司的老闆。這種依靠有什麼負面影響嗎？你和這個供應鏈上的其他人都從你購買襯衫的行為中獲益。它肯定比你自己種棉花、然後自己一步一步做襯衫要強得多。」

「這個道理用在單獨一個人身上我明白，但怎麼把它應用於整個國家呢？這與人人開福特『費爾蘭』有什麼關係呢？」

「還記得你促使那個禁止進口日本電視機的法案通過的事嗎？」

「我想那是配額的一個極端例子。」

「是的。還記得你的工人都是怎麼富裕起來的嗎？」

「是的。現在我明白了，那些財富中的一部分是不真實的。」

「那倒不會。他們的財產是實實在在的。他們購買的汽車、享受的休假都是真實的。對於其他人損失的財富，他們一無所知。但是如果認為你的工人嘗到的甜頭就是配額的全部影響，這就是不真實的了。如果把消費者的損失也算進來的話，那麼配額對美國的整體影響是負面的。」

「但是，戴夫，你告訴過我，他們以前是開『巡洋艦』和『凱迪拉克』的，這些車怎麼變成了福特『費爾蘭』？」

「你的電視機產業得到保護後，其他行業也如法炮製，尋求貿易保護以避開外國競爭。對電視機工人有利的政策也一定會對汽車工人、紡織工人和其他各行各業的工人有利。貝茲總統提出了一項禁止所有進口的法案。」

「有反對這項法案的聲音嗎？」

「噢，當然有。一群經濟學家在《紐約時報》上刊登了一則廣告，宣稱這個法案是一場災難。但是人們經常拿經濟學家開玩笑，說他們是狡辯者或江湖郎中什麼的。其中有一些嘲弄是有道理的，但是在自由貿易問題上經濟學家們的觀點卻是頗為一致。儘管如此，人們對他們的忠告充耳不聞，議會通過了這項法案，貝茲總統簽署使之生效。人們對它大唱讚歌，稱之為美國歷史上的一個里程碑。它確實影響深遠。」

「後來怎麼樣了？」

「剛開始沒什麼，但是變化漸漸發生了。沒有了進口，美元到不了外國人手裡，那些以出口維生的行業慢慢萎縮或者完全崩潰了。還記得你孫子看的電影《玩具總動員》嗎？」

「當然，我自己也很喜歡這部電影。」

「這樣的影片根本不可能拍出來。迪士尼公司在八〇年代初就停止拍攝新片了。」

「為什麼？」

「出口占它營收很大一部分。沒有那些海外收益，迪士尼就沒有動力去聘請足夠的漫畫家和設計師去製作新片。它現在只播放舊電影。」

「多可惜呀，我喜歡那部電影。」

「迪士尼只是那些無法發揮出全部潛力的眾多公司中的一個。有些公司甚至從來沒有存在過，比如比爾．蓋茲是一個汽車修理工。他……」

「誰是比爾．蓋茲？」

「對不起。在自由貿易的世界裡，比爾・蓋茲成為了九〇年代的億萬富翁。但沒有自由貿易，他只能靠擺弄汽車了此一生。」

「我們失去一個億萬富翁卻得到了一個平凡的汽車修理工，這真的那麼糟糕嗎？」

「這也許不會讓比爾・蓋茲嚇到了，但真正損失的是美國。你只是意識到一個人的收入變少了，而真正的損失是他參與改造的電腦軟體工業和他引進市場的產品。那些產品使他富甲天下，同時也給千千萬萬的其他人帶來了財富。他開辦了一家叫做『微軟』的公司，在自由貿易下，該公司的產品會遍及美國並且聞名世界。」

「但是戴夫，現在他不是還可以在美國銷售他的產品嗎？難道沒有足夠的美國人買創新性的產品嗎？」

「有很多美國人可以買他的產品。但是如果沒有進口和間接生產的途徑，美國就不能享受他們在自由貿易條件下所能得到的全部東西。為了使微軟成為一家出類拔萃的優秀公司，比爾・蓋茲需要雇用大量的程式設計師、行銷人員和配銷人員，但是可雇用的人員是非常有限的。摩托羅拉、波音、迪士尼、蘋果電腦和谷歌等公司都為這些人才爭得你死我活的。」

「為什麼在自由貿易下就有足夠的人才，而現在在自給自足的條件下就沒有呢？兩種情況下人口數量不是一樣的嗎？」

「人口數量是一樣的，但是勞動人口從事的工作數量是不同的。」

「然而，在自給自足條件下，如果摩托羅拉等公司能提供高薪的工作機會，不是就能吸引到人才嗎？」

「能舉個例子嗎？」

「當美國停止進口時，有些重要的產品就不能從國外買進。」

「石油、紡織品、鞋、汽車和鋼材。消費者只能買美國貨。」

「這對那些產品的美國生產商肯定是有好處的。」

「你可能會這樣認為，就好比當美國人被迫去買你公司生產的電視機而不是買日本電視機時，你的工人富裕了，你的工廠繁榮了。但是當現在所有的產業都在同一條船上時，你就不能得到同樣的效果了。」

「為什麼呢？為什麼對整體經濟會有不良的影響？」

「你可以把它看做是違逆『間接致富理論』而遭到的懲罰。當你的產業興旺繁榮的時候，我們以前說過，消費者所損失的利益，比你們電視機公司所獲得的要大。為什麼會這樣呢？」

「因為電視機變得更貴了。」

「對，消費者不得不為電視機花更多的錢。但其負面影響還不止於此。當電視機工業擴張的時候，它會和其他產業爭奪工人、資金和原材料，這樣美國就失去了這些產業可以生產的其他產品。一個產業可以靠犧牲其他產業和消費者利益來自我擴張，但不是所有的產業都可以同時擴張，因為沒有足夠的工人、資金和原材料。」

「這個道理我懂，戴夫，我只是不懂事情為何一定要這樣發展。你說沒有足夠的工人可以雇用，但是那些過去生產出口品的工人現在可以轉來生產進口品呀。」

「沒錯，但是採用間接而非直接的途徑來生產總是有原因的。如果美國每樣產品都自己生產，它一定會變窮的。當電視機產業以其他產業的損失為代價而繁榮起來時，整個國家的損失會分攤到各個行業，結果被巧妙隱藏起來了。當每個產業都要求保護時，整個國家的經濟衰退就無法掩飾了。」

「我不明白為什麼一定會這樣，戴夫。」

「想想那些美國原來依靠進口的產品，現在樣樣都要自己生產。想想所有的鋼材、汽車、手錶、計算機、羊毛、棉花、糖、咖啡等等，足足可以把它們堆到天上。在自由貿易下美國人怎麼才能享用到所有這些東西呢？」

「間接生產途徑？」

「對，間接生產途徑。在自由貿易條件下，全美的工人和機器用間接生產方式生產出許多商品。生產巴西人想要的東西，用它們來交換咖啡和鞋子；把藥品和飛機賣給日本人，換回計算機和錄影機。運用你的想像力，把那些工人、工廠和機器放在一起——在一個巨大的工業園區裡包括了所有的化學專家、航太工程師、行銷人員、配銷人員以及他們的工廠和辦公室。他們是美國用來獲得進口商品的真正資源。想像你把他們都集合在一起。」

「好了。」

「當美國停止進口，所有這些人不得不去生產手錶、鞋子以及其他以前依靠進口的商品；他們不得不去製造以前從日本進口的兩百萬輛汽車；他們不得不種植棉花和咖啡，不得不掘地鑽油。」

「好的。」

「你來到這個巨大的工業園區的門口，告訴負責訂貨的職員：『我需要兩百萬輛汽車以及這麼這麼多的糖、咖啡、手錶』云云，相當於美國原來一年進口商品的總值。你告訴這個職員你會在一年後來取貨，職員把訂單送進工業園區。你認為他們能按時完成訂單嗎？」

「當然不能。你不能指望默克醫藥公司的化學專家能找到石油，也不能指望波音的裝配工可以在飛機製造廠的生產線上生產汽車。」

「好吧，讓我們給他們一個機會。一個奇蹟發生了。飛機工廠的機器變成了汽車生產線。假設為了所需的商品，所有的工廠都可以作相應的轉變。」

「那仍然不可能，工人們沒有所需的技能。」

「假設還有另一個奇蹟發生。如果默克醫藥公司的某個化學專家被分到石油產業中來了，現在讓他馬上擁有一個石油工程學的學位並且掌握該學科的全部知識。而且假設其他工人馬上獲得鐘錶、電視機等產業的相關知識，你認為他們能夠完成訂單嗎？」

「我不知道。我想可以吧。」

「他們不能。工業園區的主管會發現，不管他如何激勵這些掌握著新技能的工人，他都無法完成訂單。他必須招募新的工人到園區來工作，在這兒建立更多的工廠，或者安裝更多的機器。園區的經濟會突飛猛進，但結果也不過是生產出美國以前的進口量而已。同時，這個園區以外用來生產其他商品的工人和機器減少了。因此，美國可以享用的商品總數量會下降。」

「你怎麼知道如果不增加額外的人力和資源，園區中的工人就不能完成訂單呢？為什麼園區中不會有足夠的土地、工廠和機器呢？」

「答案在於間接致富之路。假設波音公司每年賣給日本二十五架飛機，總共花費一萬名工人一年的時間，從銷售飛機中得到的收入可使美國人從日本購進二十萬輛汽車。但是如果採取直接方式而不是間接方式生產的話，生產這二十萬輛汽車就需要不止一萬名同樣技能的工人了。」

「你怎麼知道？」

「假如不用一萬名工人就可以間接生產這麼多汽車，那麼波音或其他公司就可以用更少的資源間接生產這二十萬輛汽車。他們的成本一定更低。生產汽車比生產飛機對他們而言更有利可圖。所以，這並不是說美國在汽車製造方面的技術水平比日本低；只是說明美國在飛機製造方面的優勢更明顯，因此用這種間接的方式生產汽車更有效率。」

「但是美國的汽車和國外的一樣物美價廉啊，為什麼美國的汽車不能因為這樣而取代外國汽車呢？」

「美國汽車確實和國外的一樣物美價廉。但是這種比較是容易令人誤解的。你的太太瑪莎有時會自己烤麵包，是嗎？」

「是的。而且自己烤的比麵包店裡買的更美味可口。」

「如果比麵包店裡買的好，那她一定經常自己烤麵包。她去麵包店買過麵包嗎？」

「當然買過了，戴夫。烤麵包是很耗時的事，不值得老是自己烤麵包，她有空時才會自己烤。」

「因此她在家裡自製的同時也會引進一些進口品，對吧？」

「可以這麼說。」

「你不了解其中的道理嗎，艾德？如果你妻子自己烤的麵包比麵包店裡的好，那再去麵包店買麵包不是不智之舉嗎？你剛才告訴過我，你妻子自己烤的麵包更美味可口。」

「是的。只是有時候，她很累或很忙，這時她會用買的。」

「自己烤些麵包沒什麼奇怪，但是那並不意味著自製全部所需的麵包是個好主意，即使自己偶爾烘烤的麵包比去外面買更便宜更美味。」

「為什麼？」

「想一想，如果政府取締麵包出售，不允許你們往家裡『進口』麵包了，你和瑪莎會有什麼感覺？瑪莎會聳聳肩說：『沒關係。我自己烤的麵包和外面賣的一樣好，還更便宜些，而且我也喜歡自己烤麵包。』但是，假設要把全家吃的麵包都烤出來，瑪莎必須要烤好幾爐。她可能會發現，多烤的那幾爐比起過去用買的要昂貴得多。雖然花在多烤的那幾爐麵包上的錢還是比買現成的成本低，但是對瑪莎來說，把全家吃的所有麵包都烤出來要花她大量的時間，那些時間的成本會越來越高。」

「怎麼會？」

「因為花在烤麵包上的真正的時間成本，是不能用金錢來計算的。瑪莎由於忙於做麵包而喪失了種種她喜愛的活動。」

「你知道嗎，戴夫，她也許不會完全用自己烤的麵包來代替麵包店的麵包。」

「為什麼，艾德？」

「她從麵包店買麵包時，每多一個麵包的成本都是相等的。但是正如你所說的，她自己每多烤一個麵包，成本就變得更高一些，因為她必須為了這個多烤的麵包再放棄一些室內室外活動。最初她會捨棄一些相對不重要的事情，但是隨著她花在烤麵包上的時間越來越多，她所放棄的事情就變得越來越重要。所以也許我們最好少吃些麵包。我們的生活變得不如以前好了，因為我們吃的麵包減少了，我們共同的活動也減少了。」

「妙極了，艾德！我向你致敬。這和我們以前討論過的配額的影響如出一轍，國內的生產不可能完全彌補喪失進口的損失。」

「我現在明白了。」

「我希望你也明白，為什麼美國製和外國的產品具有相同的價格和品質，並不意味著美國可以不付出任何代價就用自製產品來代替外國產品。」

「可是國家和家庭有多大相似性呢？為什麼汽車生產隨著規模的擴張變得越來越難？」

「試想一下美國必須去建新的汽車工廠、雇用新的工人，這些工廠要能生產出過去從日本進口的兩百萬輛汽車。這就意味著要從其他的行業吸納產能和人力，美國就不能再消費那些工人以前生產的東西了。此外，生產這另外兩百萬輛汽車的工人，不會像那些生產最初兩百萬輛汽車的工人一樣有效率。」

「為什麼？難道他們不是採用同樣的技術嗎？」

「按理應該如此，但是這些工人和管理人員不如以前那些工人那樣靈巧、有效率地運用這些技術。最初的兩百萬輛汽車是由美國那些對汽車興趣最濃、技術最棒、最適合在汽車廠工作的人生產出來的，那些工廠裡的經理人是最善於激勵員工、提高生產效率的。隨著你開辦的工廠越來越多，雇用的工人、經理人越來越多，你不再能聘到最優秀的工人和經理人了，因此你不得不招募那些能力差強人意的工人和經理人，生產一輛汽車變得越來越貴。最後，對於美國來說，用間接生產的方式從國外進口汽車，比設立更多的汽車廠要便宜。」

「我不大明白，戴夫。生產汽車又不是什麼高深的學問，難道不是每個人都可以掌握生產線上的工序嗎？」

「在美國，每個人都知道怎樣擲棒球嗎？」

「當然了。」

「你認為職棒比賽中最差的十個投手和最好的十個投手水準相同嗎？」

「當然不同。」

「這和在工廠裡從事生產或管理工作的道理是一樣的。有些人顯得出類拔萃，有些人更善於接受指令，而另一些人善於發布指令。以你在星星鎮的電視機工廠為例，你會不會只是因為某人會組裝電視機就隨隨便便雇用他？在激勵員工方面，你工廠裡的經理人都一樣出色嗎？」

「不是。但我還是有些不明白。」

「你可以這樣想。在一個允許進口的世界裡，品質相同的日本車和美國車價格相當，因此很容易得出『美國汽車可以和日本汽車相媲美』的結論，但這個結論只有在美國當前的汽車產量下才成立。由於允許進口，美國現在不需要在本土生產它需要的所有汽車。消滅進口車的結果，本國車的價格就會上揚。供給減少，價格自然上升。另一個解釋是，對美國汽車的需求上升，就會引起價格的上漲。現在你應該明白其中的道理了：福特和GM和克萊斯勒如果不提高價格，就無法填補失去進口車所造成的市場缺口，因為必須開辦更新更大的工廠，營運成本也會越來越高。」

「我現在明白了，戴夫。」

「這只是整個故事的一小部分。認為美國不需要外國的產品供應，這種觀點的另一個謬誤是相信創新行為會繼續下去。然而，如果沒有進口，福特的『費爾蘭』就不會發展成『金牛貂』；沒有外國車的競爭，美國車在四十年來的發展就是天方夜譚。」

「還是很難理解，取消進口的各種影響是怎麼導致整個生活水平的下降的？我正在努力尋找其中的關係。」

「設想一下，瑪莎自己烤家中所需的所有或是部分的麵包；設想一下，你所需要的每樣東西都必須自己來做，你的生活會變成什麼樣子。你和瑪莎的時間是有限的，因此你們家裡每樣東西都會減少。如果你不得不親自做每樣東西，你對產品和服務的需求就會減少。沒有進口，美國的所有家庭都會如此。」

「一下子要綜觀全局還是有些困難，戴夫。」

「還有另一個理解它的方法。在國際衝突中，一個國家會對它的敵國施行貿易禁運。為什麼呢？是為了使敵國變得貧窮。怎樣才能做到這點呢？透過切斷它和其他國家的相互貿易，設置關稅和配額，或者──在極端的情況下──決定自給自足，也就是對自己施行禁運。這聽起來像是一個能夠造福人民的政策嗎？」

「我想不是。但是如果到二〇〇五年我還活著的話，我想我會為購買日本車感到內疚的。」

「這說明你今晚一無所獲。如果你購買美國生產的汽車，你就幫助了美國汽車公司的工人和股東；如果你購買日本汽車，那麼你就幫助了默克醫藥公司和波音公司的工人、股東和管理人員。在一個市場開放的世界裡，所謂『日本』車或『美國』車的概念，就只是想要欺騙消費者，讓他們以為自己買『美國』貨，就是愛國的表現。就像我們前面說的，許多日本品牌都在美國設廠。許多美國品牌則是在海外設廠。兩種汽車都用上了來自世界各地的零件。然而即使每一輛所謂的美國車都是美國人製造，用的都是純美國製的零件，而且每一輛外國車都是在美國國外製造，用的都是外國零件，你還是應該購買你認為最有價值的車。美國汽車製造商會建議你買美國車，說這樣美國就不再依賴外國；但是阻止美國人買外國車更容易的辦法是：生產品質更好、價格更低的汽車。當美國製造商在市場上表現不佳時，它們就要求政府強制性地排斥日本汽車，或是強加一個『自願』配額。正如我們說過的，供給的減少提高了美國汽車的售價，價格提高導致了社會福利的下降，它是強加在汽車購買者身上、用來幫助汽車製造商的一種攤提。這就是自給自足的謬誤所在！」

「慢慢說，戴夫，你有點激動了。」

「艾德，以我現在的情況，心臟病突發都沒什麼了不起。為什麼消費者會產生罪惡感呢？如果史泰勒電視機公司生產的是劣質的或是價格過高的產品，你認為人們會由於對你的同情而繼續購買你們的電視機嗎？這是通向自給自足的坦途嗎？真正的自給自足不是強求他人遵守的一種規則，而是自然贏得的一種結果。如果工人或是公司知道，不管他們生產怎樣的爛貨，人們都會出於內疚或同情來購買，你認為這會對生產效率產生怎樣的影響呢？我們應該提供給人們最物美價廉的產品才對。」

「但是，戴夫，如果禁止進口的法令使美國變得很窮，人們為什麼不廢除這些法律呢？難道人們沒有發現他們的生活每況愈下了嗎？」

「沒錯，人們嚇壞了。他們並沒有將貧窮歸咎於保護主義者。當經濟學家提議讓美國重新對外開放時，人們擔心會失業。如果允許外國生產商參與競爭，他們會不會丟掉現在的工作呢？如果你是路易斯安那州的一名石油工程師，或是麻薩諸塞州的一名製錶工人，或是卡羅來納州的紡織工人，你會如何投票呢？取消配額可能會使你失業。」

「但是你說過，新的就業機會將取而代之。」

「人們看不到這一點，他們不僅害怕舊世界的轉變，他們也想像不到電腦晶片、筆記型電腦以及各種有待發現的藥物，那時人們想像不到會有這樣的產業。只要能保持現狀，人們就滿足了。」

15 抉擇

「戴夫，你可把我累壞了。我可以看看在沒有自由貿易的美國，我的孩子怎麼樣了嗎？」

「當然。我承認我有時太囉嗦了，我性格裡有些政客氣質。在沒有貿易的世界裡，你和孩子們的生活會和之前看到的截然不同。我們以前看到他們時，史蒂芬創辦了一家軟體公司，而蘇珊在『蕾米特』製造部門工作。現在他們的生活將有所改變。」

「為什麼？」

「因為現在的世界是美國自給自足的世界，你的孩子們所能得到的機會就不同了。」

「那蘇珊怎麼樣了，戴夫？」

「她情況不錯，有三個孩子——兩個女孩，一個男孩。她嫁了一個很不錯的人，就住在星星鎮。」

我把艾德帶到蘇珊的家。蘇珊沒有念研究所，也沒去過香港。她把所有的時間都花在操持家務上。我們看著蘇珊安頓孩子們就寢，然後去收拾廚房。

「她看起來蠻幸福的，戴夫。」

「沒錯。我從來沒有說過，沒有外國商品會讓你不幸福，只是說你會變得窮一些。」

「操持家務總沒什麼錯吧？」

「當然沒錯，艾德。問題是，蘇珊是否有機會去選擇過一種完全不同的生活。在一個沒有進口的世界裡，她的選擇就少多了。」

「那史蒂芬怎麼樣了？」

「他也在這個鎮上。他現在經營史泰勒電視機公司。」

史蒂芬漂亮的房子位於梅恩路旁一條靜謐的小街上。我們看到史蒂芬正在輔導他的兒子賈斯汀做數學作業。那裡沒有大螢幕電視機，沒有聲控電腦，只有一本數學書、一疊黃紙和一張餐桌。

「賈斯汀的眼鏡片為什麼這麼厚，戴夫？」

「你還記得我們以前去看賈斯汀時，他爸爸不讓他長時間看電視嗎？他現在還是不能常看電視，那對他的視力影響太大。在自由貿易的世界裡，他可以用默克醫藥公司研製的一種藥物來控制他的眼睛；而在沒有自由貿易的世界裡，默克醫藥公司不可能研製出這些藥品，所以賈斯汀只能戴眼鏡。眼鏡戴起來就沒差了。」

我沒有告訴艾德，天上的人已經給了他額外的恩寵了。如果沒有默克醫藥公司的藥品，本來賈斯汀會完全失明。但是天上的人認為，如果艾德的孫子在沒有自由貿易的世界裡會變成瞎子，艾德所作出、是否支持法蘭克．貝茲的決定就不是取決於他的自由意志了。如果自由貿易能夠使你的孫子免於失明，你當然會不假思索地選擇它。

「史蒂芬看起來過得也不錯，戴夫。」

「看來是這樣的。我不會允許你去和史蒂芬交談。如果你能和他交談，你可以問問他，繼續為他父親、祖父的公司工作有什麼感覺。」

「這種生活對我來說已經夠好的了。」

「我知道。但對史蒂芬來說是否也如此就是個問題了。回想一下那個在一九六〇年充滿了夢想的男孩，而現在他只是這樣而已。」

「但他看來很幸福啊。當然了，星星鎮現在不像在自由貿易下那麼生機蓬勃了，我們也沒有優格、電器城和沃爾瑪百貨，但我就喜歡星星鎮過去的樣子。」

「我不這樣認為。你喜歡一九六〇年的星星鎮，但我不認為你會喜歡一百年前的星星鎮，那時大街上有馬糞、孩子們得佝僂病、婦女們經常因為生產而死亡。你對你已經習慣的東西感到滿意。但我還是能接受你的部分觀點：錢不是萬能的，財富不代表一切。實行自由貿易的美國也不是極樂世界。自由貿易帶來了更多的機會、更多的財富和一個充滿生機的世界，但並不能保證每個人都從中受益。」

「在自由貿易下，那些沒有創造力、沒有上過大學的人該怎麼辦呢？他們能幹什麼呢，戴夫？」

「沒有上大學的人也可以找到工作，只不過和以前相比，製造業的就業機會將會少一些。『聯邦快遞』——一個可以將包裹一日送達的公司——創造了二十二萬五千個就業機會，它們並不完全是為MBA們準備的，他們需要各種層次的人才。但是，自由貿易會使一些人利益受損，貿易保護主義亦是如此。你已經看到了，如果美國保住了所有的就業機會，自給自足的美國會是什麼樣子。」

「但也許法蘭克·貝茲犯了一個錯誤。也許他不應該禁止所有的進口商品，而是應該將禁令限制在那些高薪行業的產品上。他應該允許進口咖啡、棉花和原油，而把那些高科技、高技能和高工資的工作機會留給美國人。」

「艾德，不要盯住工作機會不放，你也要關注一下人的素質。如果美國人因為工作技能低而只擅長烤漢堡，那他們最終只能以此為業。你不可能指望透過禁止進口電腦軟體，而使烤漢堡的師傅變成軟體設計師。就算你能，這也只能使美國變得更窮而不是更富。你可以利用貿易保護來幫助一個技能低下的工人，但同時卻用過高的代價懲罰了其他美國人，這公平嗎？」

「我不知道。」

「問問你自己，這樣做聰明嗎？如果一些美國人的技術水準乏善可陳，因此在國際市場上沒有競爭力，那美國該如何應對呢？是把他們保護起來、從競爭中隔絕開來，還是鼓勵他們和他們的孩子去提高技能呢？我希望今天晚上的經歷可以讓你明白，美國面臨的抉擇不是就業機會的多寡，而是要在停滯不前的世界和生機蓬勃的世界之間進行選擇，在一個鼓勵人們去創造夢想的世界和一個鼓勵人們安於現狀、不求進取的世界之間進行選擇。」

「那麼哪個世界更好呢，戴夫？」

「這要由你自己來判斷了。我再提醒你一點。在《聖經・申命記》中，上帝對以色列人說：『我把生存和死亡擺在你們面前，把祝福和詛咒擺在你們面前。選擇生存吧。』一些詮釋者提出這樣的疑問：為什麼上帝要懇求或命令以色列人選擇生存呢？在生存與死亡之間的抉擇是一種什麼樣的抉擇呢？其實根本就沒有選擇的餘地，你一定會毫不猶豫地選擇生存。

那上帝為什麼會要求以色列人做這樣一個顯而易見的選擇呢？也許上帝指的並不是字面上的生死抉擇，而是感受生活與逃避生活之間一種精神上的選擇。選擇生存，艾德。」

「但是選擇什麼樣的生存方式呢，戴夫？它們看起來都頗為誘人。我……喂，戴夫！戴夫！戴夫！」

我走了。我的時間到了，剩下的要由艾德一個人完成了。他又回到了一九六〇年伊利諾州的星星鎮。法蘭克・辛納屈深情的歌聲正從高傳真音響中緩緩飄出，瑪莎在隔壁房間睡覺，史蒂芬和蘇珊在樓下甜甜地酣睡。沿著這條路下去，史泰勒電視機公司大門緊閉，等待著又一個忙碌的日子。電視機是美國唯一完全禁止外國競爭的產品。「未來世界」和「迪士尼世界」還只是華德・迪士尼眼中閃動的靈感而已。這時還沒有個人電腦，沒有優格，沒有錄影機，沒有《玩具總動員》，沒有「聯邦快遞」，沒有沃爾瑪百貨，沒有電器城。它們都懸掛在時間的天秤上，尚未成為現實。

艾德一動也不動地坐了許久，眼睛直盯著桌上的巧克力蛋糕和牛奶，它們仍像先前那樣新鮮潤澤，雖然經歷了那麼多時空穿梭、世事變幻。終於，他陷入了夢境……

「親愛的，醒醒！你得飛到洛杉磯為法蘭克・貝茲的競選進行演說。你要趕不上飛機了！」

「瑪莎！」

「艾德，你怎麼在這兒睡了？我來幫你收拾行李，你最好快點去沖個澡。」

艾德一言不發。瑪莎對此並不奇怪，她知道艾德心事重重，只是不知道有多嚴重。

艾德搭上了飛往洛杉磯參加會議的班機，他把那篇演講稿帶在身上，這是法蘭克．貝茲給他寄去的，其中還提名法蘭克．貝茲為總統候選人。當我從天上看著他時，我的心陡然一沉。但我並沒有絕望，我知道還有時間靜觀事態。

一九六〇年七月十四日上午十一時，洛杉磯微風拂面，一輛計程車在比佛利山莊飯店門前停下，艾德從車上下來。他辦理了入住手續，進入他的房間，並且告訴飯店的接線生不接任何電話並且務必在下午四時把他叫醒。然後，他酣然入眠了。這是好兆頭還是壞兆頭？我不知道。

艾德準時起床，沖了個冷水澡，換上乾淨的襯衫和西裝。然後，他叫了一輛車去了聖塔莫尼卡的海灘。他沿著沙灘踽踽獨行，一小時後在綠草如茵的公園中找到一條長椅坐下。他舉目遠眺，眼前這片大海隔開了亞洲和美國這些強大的經濟體。他在這裡坐了一會兒，體會著地球自轉、夕陽西下的感染力。然後，他叫了一輛車趕赴位於運動中心的會場。他仍帶著那份講稿，這令我頗為失望。

對我和艾德來說，時間似乎過得很慢。擁擠的人群中，彩旗飄揚，人聲鼎沸，標語牌林立。法蘭克．貝茲的支持者有統一的標誌：「美國優先」、「自由貿易是不公平的貿易」、「保護工作，抵制外貨」。我最欣賞的一句口號是：「如果美國人買外國貨，我們的孩子將在何處工作？」最後，艾德來了。他將要為法蘭克．貝茲做一個至關重要的提名演說。記者們各就各位，攝影機準備就緒。現在，艾德做好準備，開始發言了。

他讀著法蘭克．貝茲的班底事先備好的講稿。他講到法蘭克．貝茲和史泰勒電視機公司的成功；他講到了他的故鄉星星鎮和它與眾不同的氣質——這些其實是美國所有小鎮的特質——人們開朗熱情，生活質樸平靜。這是種妙不可言的生活，艾德把它描述得令人神往。你可以感覺到聽眾們的自豪。他們大部分來自芝加哥、洛杉磯和紐約，但他們對美國小鎮生活的自豪感是真切的。

「在我的故鄉星星鎮，親切熟悉的環境磨平了生活的稜角。你熟識你的鄰居，因為你們已經多年為鄰；你的朋友是終生摯友；你的家人在一起同甘共苦。我的父親在星星鎮出生，創建了史泰勒電視機公司，並且在那裡長眠。我也出生在星星鎮，並且也會在那裡度過一生。我的孩子也出生在那裡，他們也將在那兒度過一生。」

讀到這行時，艾德猶豫了一下，眼中閃過一絲迷惘。我聽見他小聲對自己重複著這一句：「我的孩子也出生在那裡，他們也將在那兒度過一生。」不知他腦海中是否浮現了蘇珊的香港之行和史蒂芬遠在加州的公司。

艾德深深吸了口氣，我也深深吸了口氣，剩下的時間不多了。當艾德又開始演講時，他把講稿放在一邊，目光投向了人群。

「我不常來洛杉磯。此行之前，我感覺惴惴不安。這裡更喧囂嘈雜，生活節奏更快。這裡和星星鎮不一樣，而變化總是帶來危機感。但在洛杉磯、芝加哥或紐約住了幾天之後，我通常就感覺像在家裡一樣舒適了。雖然這並不足以使我留下來，但是足以使我明白為什麼你們中的那麼多人選擇生活在這裡。沒錯，這裡更喧鬧、緊張，但除此之外，這裡也有更多的生機和活力。

「當然，在星星鎮也有振奮人心的時刻，比如說每個月『碧珠戲院』都會放一部新片。但是在星星鎮和全美的小鎮裡，也有許多不甘平凡、充滿夢想、有改造世界的雄心壯志的人。在星星鎮，可能有一個年輕人夢想著開辦屬於自己的工廠。在另一個地方，可能有一個小女孩正傾聽火車淒涼的嗚嗚，幻想著能寫一部偉大的小說。

「沒有這些大大小小的城市，美國就不再是美國了。我最近剛好去了一趟國外。」

艾德停了下來。他的目光從聽眾席上掃過，他們似乎在期待著他打開緊閉的心扉。

「當你離開家，你就失去了你所熟悉的生活模式：和太太一起吃早餐；晚飯後和孩子們一起散步，把星星指給他們看；當地的報紙、你的理髮師、上班時大家的問候。這都是微不足道的小事。但是在美國，這點點滴滴的小事中卻蘊藏著生活的豐富多彩和蓬勃生機。在其他地方，你很難感受到這一點。

「知道為什麼嗎？因為時至今日，美國仍是一片充滿了可能性的土地。在美國，父母和孩子談天的話題可能是今天的現實，但未來永遠像許諾一樣盤旋在他們頭上。

「從國外回到我摯愛的美國，我更認識到了它的偉大和獨特。美國的偉大源自於它的活力。這種活力不僅來自於它的人民，也來自於美國的法律和制度，是它們保證我們自由地生活，並且對未知的明天充滿希望。我們必須要守護這束代表著美國精神的火焰，這就是創造之火、變化之火、生命之火。上帝保佑你們，上帝保佑法蘭克．貝茲。晚安！」

人群中爆發出一陣喝采聲，但我不知道他們到底在為誰喝采，或許有那麼一點為艾德．強森，有一點為法蘭克．貝茲，大部分是為了美國。當人群最終歸於平靜時，他們才開始揣測艾德的演講到底與法蘭克的貿易保護主義立場有何關聯。有些人認為保護主義和保護美國生活方式之間有某種關係，但其他人說艾德根本沒有提到過保護主義，也許已經否定了它的價值。他們不能理解，為什麼艾德後來把講稿棄置一邊而大談美國的偉大。他們說他背叛了法蘭克・貝茲。

我想是的。我期待的也許是一番對罪惡的關梲和配額的更直接的陳述。但有時，間接的方式可能是最好的……。

16 大衛·李嘉圖最後的話

艾德背叛了法蘭克·貝茲嗎？很難說。那一年，一個來自麻薩諸塞州的小夥子得到了提名並入主白宮。法蘭克·貝茲第二次參加了國會選舉，又以些微差距落敗。是艾德毀了法蘭克·貝茲的政治生涯嗎？我想不是，儘管艾德的演說並沒有幫助法蘭克·貝茲。要保持對一個政治家的尊重又不違背自己，艾德在演講中不得不小心謹慎，如履薄冰。很多人不能理解這個演說，稱它是幼稚的政治鼓吹，他們譴責法蘭克·貝茲讓一個商人在提名大會上發言，法蘭克·貝茲的下屬精心炮製的講稿最終被棄置一旁。

也有些人譴責艾德，法蘭克就是其中之一，他從此不再和艾德說話，這對艾德來說倒沒什麼。艾德從電視機行業退休了。他把公司賣給了日本人，日本人保證至少讓工廠繼續營運三年，以便工人重新安置。

很多人在艾德背後甚至當面罵他，艾德對其中最惡劣的也只是一笑置之。他失去了一些朋友。有些從來都不明白他的改變，也不想明白，就連艾德自己也無法自圓其說。最終他放棄了徒勞的嘗試，過著知足常樂的日子：和妻子愜意相伴，忙於各種愛好，去波士頓和加州看望他的孫子孫女。

至於我，也許我的故事和艾德的一樣令你感興趣。我希望能對你細細道來，但是我簽了很多保證書，保證不洩漏這些細節。你知道天上那些人的風格——自由意志什麼什麼的。但我可以告訴你，事情的發展比我想像的要好多了。什麼意思？抱歉我不能說。我可以告訴你，艾德的演說使我跨越了一些障礙，但還有更多的障礙需要克服。在這方面，「來世」和「今生」頗為相似：你剛剛以為達到了頂峰，結果又出現更高的峰巒。他們對一些人要求得多，另一些則較少。差不多就是這樣吧。

我可以透露一點訊息：我辯解的關鍵是關於「選擇生存」這一點，並不是像你想的那樣，從你「老闆」喜歡的書中旁徵博引就能討他歡心了。你知道，這招在天上行不通的。真正的關鍵是拋開了那種僅從生活水準的角度來狹隘定義的經濟學。不要誤解我的意思，經濟學對我來講是十分有用的工具。但是，金錢並不代表一切。我可以告訴你一個我的保證書中沒有涉及的祕密：經濟學家比一般人更清楚地知道，經濟學實際上並不僅僅牽涉到金錢，而是牽涉到奮鬥、生活和夢想。

如果我的故事使你感到愉快，請幫我一個忙。從我成為經濟學家的那個時代開始，嘲笑我們這一行的言論好像一直都很時髦，人們老是說我們模稜兩可、意見不一。在向學生們解釋比較利益理論這方面，我也許做得並不好，但是向經濟學家們介紹這一理論還是比較成功的。即使是那些在理論上反對自由貿易的人，在實際上也不願支持關稅和配額。在下一個雞尾酒會上，你可能還會聽到譏諷經濟學家的種種笑話，比如說一個獨臂經濟學家因為不會說「on the other hand」（譯註：在英文裡有「另一隻手」與「另一方面」兩個意思）而找不到工作，或者說把所有的經濟學家頭腳相接排成一隊，也得不出一個結論云云。如果是這樣的話，不要對這種愚蠢的笑話報以客套的笑聲。你應該對他們智慧地粲然一笑，告訴他們你所聽到的關於國際貿易的問題不是這樣的，國際貿易的理論淵源雖然古老但是非常可靠。

謹獻給世界各地那些尚未入眠、仍然希望做個美夢的人們。

資料來源與延伸閱讀

伊利諾州的星星鎮

伊利諾州並沒有一個叫星星鎮的地方，史泰勒電視機公司也從不存在。但在一九四八到一九七四年間，摩托羅拉公司在伊利諾州的昆西（Quincy）經營一家電視機工廠，生產「誇星」（Quasar）牌電視機。一九七四年，它把這家工廠賣給了松下（Matsushita）公司，松下保證會保留工廠。一九七六年，松下公司以不景氣為由關閉了這家工廠，但保留了另一家從摩托羅拉買來的、位於伊利諾州富蘭克林帕克（Franklin Park）的工廠，並一直經營至今。

一九六〇年時，昆西有大約四萬兩千人。生意最興隆時，摩托羅拉有三千名工人，每天生產兩千台電視機。到了二〇〇〇年，昆西的人口是四萬零三百六十六人。

我把摩托羅拉在昆西的工廠當作星星鎮和史泰勒電視機公司的原型，蒐集了員工的回憶錄和相關故事。我非常感激《昆西自由黨先驅》（*Quincy Herald-Whig*）的編輯**Doug Wilson**和圖書管理員**Judy Wilson**，他們提供給我背景資訊和資料來源。我非常感激昆西公共圖書館的參考書管理員**Lois Tyer**，他唸給我聽一個關於摩托羅拉員工在關廠五年後重聚的故事。我很感謝昆西高中的前任副總監**Robert Meyer**先生，他回憶了工廠關閉對孩子們造成的影響。

我在此感謝那些花時間和我談話的昔日工人：前任生產線主管**Joy Viar**、前任領班**Robert Morris**、前任工廠經理**Carl Swed**、前任工程師**Lee Webster**、以前負責收貨的**Steve Moody**、前任餐廳員工**Donna Moody**、負責工廠電線、焊料和主要通訊員的**Jane Slater**、前任圖書管理員**Joanne Felker**、前任餐廳廚師兼出納**Oneta Burner**、負責會計、存貨和發薪的**Chris Schork**。

這些老工人仍然對摩托羅拉忠心耿耿，而且很懷念在工廠的舊日時光。一個工人告訴我，當她在車上時，她丈夫開車要故意避開工廠旁的那條路，因為那會使她傷心而泣。他們都覺得摩托羅拉公司是一個對員工公平、很棒的雇主。他們滿懷深情地回憶著那些舞會、溜冰派對和公司野餐。沒有人痛苦地談到工廠被賣給日本人的事，雖然他們痛恨日本人關廠之舉。儘管所有的人都對關廠表達了不同程度的傷感，大多數人還是在工廠關閉後的一年內找到了新工作。

摩拖羅拉關廠一年後，廣播電子公司（Broadcast Electronics Company）在昆西開了一家工廠，並雇用了一部分失業工人。我要感謝廣播電子公司的Cathy Ellerbrock和Steve Wall，他們幫助我接觸到一些摩托羅拉的前員工。另外一些工人在鎮上的哈里斯聯合廣播公司（Harris Allied Broadcast Company）和微能公司（MicroENERGY）找到了工作。還有一些人在密西西比河對岸的密蘇里州一家福特汽車的安全帶工廠找到了工作，但這家工廠幾年後也關門了。

和我談過的每一個人都認為，失去摩托羅拉的工廠對昆西來說是個巨大的打擊，但他們也都認為他們的孩子——昆西的下一代——會比他們生活得更好。正如其中一位所說的：「他們也許會唱起憂傷的藍調，但他們無所不有：兩輛車，擺滿家具的房子，有的人甚至擁有遊艇。」一位以前的工人告訴我，大部分受過大學教育的孩子在昆西沒有合適的工作機會，因此在別地方定居。我所聽到的與這本書觀點有關的最意味深長的意見，是談到在摩托羅拉工作的好處：「這裡有一種安穩的家庭氣氛，根本沒必要為一份你可能不喜歡的其他工作再接受教育。」

自由發揮

為了使艾德．強森和美國所面臨的抉擇更富有戲劇性，我對一些事實作了一點更動。一九六〇年以來，美國發生了巨大的變化，但並非所有的變化都歸功於美國貿易相對開放的政策。我並不認為，貿易限制就會使美國的小鎮一成不變。而美國就業婦女比例的增加，也不完全是自由貿易的結果。婦女勞動參與率的激增顯示了勞動力市場面對變化的靈活反應。此外，我還要為一點史實上的失真對民主黨表示歉意：在一九六〇年，保護主義者法蘭克．貝茲是共和黨員的可能性應該更大。到了今天，即使共和黨比十五年前我撰寫本書初版時更具保護主義色彩，保護主義卻在民主黨內找到了更舒適的溫床，所以我把法蘭克．貝茲塑造成一個民主黨員。

必須記住的是，今天的美國也並不是一個奉行自由貿易的國家。美國對林林總總的商品課徵形形色色的關稅和配額。雖然現今美國的平均關稅在二%以下，但根據國際貿易委員會（International Trade Commission）最近的研究顯示（二〇〇四年），貿易上的限制給美國消費者帶來了一百四十億美元的損失。我建議讀者上國際貿易委員會的網站，參考他們的關稅資料庫（http://dataweb.usitc.gov/scripts/tariff2005.asp），就可以看見所有產品被課關稅的程度。

輸入一個簡單的字詞，像「盤子」，就會進入貿易限制的卡夫卡世界。此外，如我在第十二章所討論的，反傾銷法允許那些類似關稅的費用無需透過政治投票就逕行徵收，這種費用也是數目驚人。

事實和數據

我之所以把艾德．強森置於一九六〇年的背景下，是因為那時日本電視機的進口量正開始暴增。我盡可能蒐集到二〇〇五年的資料。否則，也會盡量使用最新資料。在這一個版本裡，有些數字和先前版本有所不同，因為政府資料也多有更新。

第三章

一個工人為購買一台電視機而必須工作的時間，算法如下。要想得到一九六〇年電視機的實際零售價格並不容易。我選用了一九六〇年的席爾斯百貨（Sears）的產品目錄。能接收超高頻和特高頻的二十一吋電視最低售價為一百八十美元。一九六〇年製造業工人的週薪略低於九十美元。這個數字是從二〇〇五年的《總統經濟報告》（*Economic Report of the*

President）中的表格 **B-47** 計算出來的。其中製造業工人的時薪是二・一五美元，平均周薪則是三九・八美元。所以，製造業工人平均需要工作兩個星期以上才能買一台電視。到了二〇〇四年，製造業工人的平均時薪是十六・一五美元，日薪則大約是一百二十八美元。電子城市的網站上，目前有一台二十吋的 **Jensen** 彩色電視要賣九十三美元——低於一天的工資。一九六〇年最便宜的遙控電視售價三百八十美元，約等於當時製造業工人一個月的工資。現代的彩色電視在接收效果、保養和耐用性上更為優良。

因此，即使美國人已經逐漸依賴進口電視，一個製造業工人必須為一台電視付出的勞動時間也大大減少了。這個數字也適用於非製造業工人。

第四章

在本章中，我探討了從一九六〇年至今美國生活水準的提高。美國在一九九一年經歷經濟衰退時，許多人認為美國從一九七三年起就一直停滯不前，並且將之歸咎於日本人。在本書的第一版中，我試圖說明：這種說法無論在理論上還是實證上都不能成立。九〇年代以來，美國經濟出現復甦，人們也逐漸認識到，單單用消費者物價指數來衡量社會福利水準而不考慮品質是錯誤的；而日本經濟陷入蕭條，這隻代罪羔羊才漸漸不那麼為人所關注。但是這個問題長期以來爭論不斷，因此我認為有必要在這個版本裡寫下這些事實。在比較美國和日本的生活水準時，我用的是經濟合作與發展組織（Organization for Economic Cooperation and Development，簡稱ＯＥＣＤ）二〇〇五年的《世界各國紀實年鑑》（*World Factbook*, 2005）。最近有關購買力的數字是二〇〇二年，美國的國民生產毛額是三萬六千一百二十一美元，日本則是兩萬六千九百五十四美元。美國的數字比日本高出三四％。

二〇〇三年，勞工局的統計數字從ＳＩＣ（標準產業，standard industrial classification）分類法改為ＮＡＩＣＳ（北美行業標準分類，North American Industry Classification System）分類法，並將歷史性的資料回溯到一九六四年。這使得先前表格中的一九六〇年時薪無法和目前的資料做比較。因此我用上與一九六〇年的資料一致的二〇〇二年數字，然後根據二〇〇二年到二〇〇四年的工資成長，以便幫二〇〇四年取得一個數字（十五．四八），讓它可以大致和一九六〇年的二．〇九相比。這些時薪的數字經過CPI-U-X1的消費者物價指數（參考二〇〇五年《總統經濟報告》中的表B-62）排除通膨因素之後，得到每小時工資的實質增加率是二六％，如正文所述。

ＣＰＩ往往誇大通貨膨脹，因而對真正的生活水準打了折扣。勞工局的統計數字中，有個改良後的物價指數，即CIP-U-RS，其數字回溯到了一九七八年。運用一九七八年到二〇〇四年之間的通膨數字（同時可見於二〇〇五年《總統經濟報告》中的表B-62），便得以見到一九六〇年到二〇〇四年間，每小時的真實工資增加了三四%，而不是正文中的二六%。然而即使這個物價指數都高估了通貨膨脹，因為勞工局無法修正品質的改變。要看這項偏差的例子，可見羅徹斯特大學（University of Rochester）的Mark Bils所著〈以更佳產品衡量成長〉（Measuring Growth from Better and Better Goods, NBER Working Paper No. 10606）一文。

為了衡量包括額外津貼在內的工人福利水準，我同樣採用了來自勞工統計局的二〇〇五年《總統經濟報告》中的表B-49。我使用了商業部門的每小時名目工資，再用CPI-U-X1指數排除了通貨膨脹因素。結果顯示，一九六〇到二〇〇四年間，這一指標成長了九三%。為了得到人均國內生產毛額的資料，我參考了二〇〇五年《總統經濟報告》的表B-31。

這些數字也許會讓讀者感到意外。我們老是聽說一般美國人的生活水準從一九七〇年代起就沒有改善。我想這些說法都只看工資，而不看真正的報酬，不知消費者物價指數無法控制品質的改變，也忽視過去四十年來勞工成分已經大不相同，因為婦女的勞動參與率大幅成長。關於這個議題，但願在不久的將來，網路上會有比較多有系統的證據。

其他一些比較容易取得的統計資料，如婦女的勞動參與率、美國的就業總數，以及農業人口的比重，來自多種不同的資料，如《美國的歷史統計數字》（*Historical Statistics of the United States*）、《美國統計摘要》（*Statistical Abstract of the United States*）和二〇〇五年《總統經濟報告》等。衷心感謝勞工統計局的 Harold Brown, Phyllis Otto, Michael Murphy 和 Karen Kosanovich，他們協助我追蹤各種數字。

資訊科技產業的就業與真正的薪資成長數字是來自《加速美國的全球化》（*Accelerating the globalization of America: The Role for Information Technology*），作者是國際經濟研究所（Institute for International Economics）的 Catherine L. Mann 及 Jacob Funk Kirkegaard。

二〇〇四年，十八歲與十九歲青年上大學的比例達到前所未有的四七．八％。這個數字是從當期人口調查的表 A-5b 得來，亦可見於 http://www.census.gov/population/socdemo/school/tableA-5b.xls。

第五章

摩托羅拉的就業數字是來自摩托羅拉公司的網站。

有關婦女的就業率與婦女勞動參與率的資料，都是參考二〇〇五年《總統經濟報告》中的表 B-36 及 B-39。

製造業的勞工比例從一九六〇年的二八％降低到二〇〇五年的十一％。這個數字是出自二〇〇五年《總統經濟報告》中的表**B-46**。一九六〇年的數字和本書先前版本的數字不同，那是因為前述的統計數字分類法改變所致，但結果是相同的——過去四十年製造業的就業比例大幅降低。製造業產出增長三倍，是參考二〇〇五年《總統經濟報告》中的表**B-51**。要衡量製造業產出的變化，難免要包含一些大膽的假設，但重點是，美國用比較少的人，製造了比過去更多的東西。

二〇〇四年製造業薪資與其他行業相比，是根據二〇〇五年《總統經濟報告》中的表**B-47**及**B-46**計算而來。表**B-47**上有製造業與整體私營機構的每小時工資。使用製造業在私營機構中所占的就業比例，我可以調整私營機構薪資，以計算出私營機構中的非製造業薪資。從這些計算可以看出，二〇〇四年製造業的薪資比非製造業的薪資高了三．五％。二〇〇五年《總統經濟報告》裡，並沒有一九六〇年非製造業的薪資，因此我用的是一九九九年《總統經濟報告》中的表**B-46**及**B-47**。如前所述，由於產業分類法的改變，一九六〇年的數字無法和目前的數字做出絕對比較，但是這並不影響到最主要的重點，即勞工統計局所調查的工人樣本中，製造業所支付的薪資高於非製造業。

第七章

關於日本的「自願」進口限制對美國汽車售價的影響，相關資料取自一九八四年Robert Crandall發表在《布魯金斯評論》（*Brookings Review*）的文章〈進口配額與汽車工業：保護主義的案例〉（Import Quotas and the Automobile Industry: The Case of Protectionism）。

第八章

根據一九六二年的《沃德汽車年鑑》（*Ward's Automotive Yearbook*），在一九六〇年最暢銷的汽車是福特「費爾蘭」和雪佛蘭的「黑斑羚」，因此我讓它們在二〇〇五年那沒有進口車的世界裡，依然受人歡迎。在本書的前兩個版本裡，我將這兩款車和一九九〇年代中期到末期最暢銷的兩款車型做比較，即本田的「雅哥」和福特的「金牛貂」。「雅哥」如今已經落後豐田的「冠美麗」（Camry）。福特在美國也不再出售「金牛貂」。因此我讓相關的討論停留在「雅哥」與「金牛貂」之間的競爭。一九六〇年代的「費爾蘭」在市區和高速公路上的油耗分別是一加侖十四和十九哩。二〇〇〇年的雅哥則分別是二十與二十八哩。二〇〇六年的雅哥則是市區二十四哩，高速公路三十四哩。這些數字得自美國環保署（Environment

Protect Agency，簡稱ＥＰＡ）有關燃油經濟的網站（http://www.fueleconomy.gov）。

第九章

近年來，有不少經濟學者提出反對自由貿易的論述。有關這些論述的正式說明，可見於Paul Krugman所著《重新思考國際貿易》（*Rethinking International Trade*, MIT Press, 1994）。第九章的內容就是針對這些論述。

第十章

有關協和客機的背景資料，是參考了媒體上的多篇文章而得到的。我於一九九九年九月六日透過電話查詢，從英國航空獲悉了協和客機的票價。協和客機從紐約到倫敦的來回機票（不包括訂票費）是一〇、二九七美元。英國航空公司普通飛機的來回機票（不包括訂票費）是一、三二六美元。

有關「半導體製造技術聯盟」（Sematech）影響的論述，主要參考了Douglas Irwin和Peter Klenow撰寫的文章〈對高科技行業的研發資助：評估「半導體製造技術聯盟」的影響〉（High-Tech R&D Subsidies: Estimating the Effects of Sematech）。該文發表在一九九六年的

《國際經濟期刊》（*Journal of International Economics*）上。

第十一章

有關美國整體貿易赤字，及與中國的貿易赤字資料，是來自人口普查局（Bureau of the Census），亦可見於http://www.census.gov/foreign-trade/www/。

第十二章

有關波蘭高爾夫電動車傾銷案更驚人的詳細資料，讀者可以查閱一九九二年三月二十五日的《聯邦法規資料庫》（*Federal Register*, Volume 57 10334）。關於一九八六至一九九二年間傾銷案件的資料，來自於我和美國國際貿易委員會的Keith Anderson的電話訪談。我從Tracy Murray和N. David Palmeter的文章中也引用了一些關於傾銷的統計資料和資訊，他們的文章收錄於Richard Boltuck和Robert E. Litan編輯的《妥善施行反傾銷法》（*Down in the Dumps: Administration of the Unfair Trade Laws*）一書。其他有關傾銷案以及國別分布的資料，可以參考Keith Anderson的文章〈美國的反傾銷法：作用和福利影響〉（Antidumping Laws in the United States-Use and Welfare Consequences），該文刊登在一九九三年四月的《世界貿易期刊》（*Journal of World Trade*）。

第十三章

本章大量運用威廉・伊斯特利（William Easterly）的珠玉之作《在增長的迷霧中求索》（*The Elusive Quest for Growth*, MIT Press, 2002，中譯本中信出版）。史迪格里茲（Joseph Stiglitz）所著的《全球化的許諾與失落》（*Globalization and Its Discontents*，中譯本大塊文化出版），則是抱持不同的看法，那是一本奇怪的書，其中看不到絲毫世界銀行（史迪格里茲是世銀的首席經濟師）的誤失之處，而只是把國際貨幣基金當成這世上的萬惡罪魁。對十三章所述的由上而下的經援方式，傑佛瑞・薩克斯（Jeffrey Sachs）所著的《終結貧窮》（*The End of Poverty: Economic Possibilities for Our Time, Penguin*, 2005，中譯本臉譜出版）則是抱持比較樂觀的看法。馬丁・沃夫（Martin Wolf）的《新世界藍圖》（*Why Globalization Works*, Yale University Press, 2005，中譯本早安財經出版）書中談到全球化對世上窮人的影響時，則有比較有效的資料與分析。

第十五章

一九六〇年的民主黨大會是在七月十一至十五日，在洛杉磯的紀念體育館（Memorial Sports Arena）召開。

延伸閱讀

我試圖盡量準確地去揣摩大衛・李嘉圖的思想。本書中他對於環境問題、WTO和政治問題的評論僅是我的推測而已。他的經典著作《政治經濟學和賦稅原理》（*On the Principles of Political economy and Taxation*）並不容易讀。讀者可以在經濟學與自由圖書館（Library of Economics and Liberty）的網站上看到它的線上版本（http://www.econlib.org）。

相較之下，費得萊・巴斯夏（Frederic Bastiat）為自由貿易辯護的著作更加流暢而有創造性。讀者可以從他的《經濟詭辯》（*Economic Sophisms*）開始，再閱讀他的《政治經濟學選集》（*Selected Essays in Political Economy*）。他逝世於一八五〇年，但他的作品卻極具現代意義。經濟學與自由圖書館的網站上也有它的線上版本。（**編按：巴斯夏的著作，亦可參**

考《看得見與看不見的經濟效應》經濟新潮社出版）

一本使用較廣、介紹國際貿易的教科書是由Richard Caves、Jeffrey Frankel與Ronald Jones合寫的《世界貿易和支付》（*World Trade and Payments: An Introduction*, Addison Wesley, 2001）。

一本有關貿易、貿易政策與全球化的入門著作，是Don Boudreaux的《全球化》（*Globalization*, 2007）。

James Bovard的《公平貿易的騙局》（*The Fair Trade Fraud,* Palgrave Macmillan, 1992）揭露了貿易政策背後種種醜陋的政治交易，是一本饒富趣味的概要式著作。他舉出許多令人驚訝的例子，向我們展示了美國貿易政策的荒謬之處，並且將美國商務部裁定傾銷案例中的種種偏見，列成一份絕妙的清單。有關貿易與貿易政策的知識史，可參考Douglas Irwin所著《逆流而上》（*Against the Tide: An Intellectual History of Free Trade*, Princeton University Press, 1997）。

致謝

在猶太法典《塔木德》（*Talmud*）裡說：「我從我的老師那裡學到不少，從同事處學到更多，而從我的學生處學到了幾乎所有的東西。」（Taanis 7a）我對於貿易問題感興趣，是從米爾頓．傅利曼（Milton Friedman）的《資本主義與自由》（*Capitalism and Freedom*，中譯本五南出版）一書開始，一直延續到大學時在北卡羅萊納大學上詹姆斯．英格朗（James Ingram）的課。他的著作《國際經濟問題》（*International Economic Problems*）裡以工廠比喻進出口業的方法，對於本書的概念有很大的啟發。

在芝加哥大學念研究所時，我很幸運地在麥克勞斯基（D. McCloskey）的個體經濟學課堂上碰觸到貿易問題。其中，課徵關稅所產生的無謂損失（dead-weight loss），這一點對於我的教學和思想產生了很大影響。後來在羅徹斯特（Rochester）大學、史丹佛、加州大學洛杉磯分校，以及聖路易市華盛頓大學任教時，我將關稅產生的「損失」分析給幾千個學生聽，他們所提的大部分疑問，可見於本書中艾德・強森的說法。我很感謝我的學生的投入，以及提出的疑問與關心的重點。

喬治・史蒂格勒（George Stigler）曾經教我，應該對產業界支持政府立法的動機抱持懷疑態度。很遺憾在他有生之年未能看到本書出版，否則我會很高興和他談一談大衛・李嘉圖。

我很感謝 Prentice Hall 出版社的 Jon Axelrod，他敦促我進行第三版的改寫工作。我還想要謝謝 Howard Swaine 和 Dan Stastny，他們幫我找出前一版本中的錯誤或疑惑之處。Michael Cardwell 做過仔細的研究之後，將新版本的各種數字加以更新。任何有誤的地方都是我的錯。我要感謝 Virginia Postrel 提出的洞見，她認為密西西比州和阿肯色州之所以有許多工作機會，並不只是因為那裡的工資便宜。

我尤其要感謝我的同事 Don Boudreaux，我們針對比較利益、工作外包與貿易赤字的問題促膝長談。Don 給我很多指教，而我得到的那許多知識都在這些書頁之中。

我要感謝 Menlo Smith 的指導與支持。

我還要謝謝 Dan Gressel、Kent Kimbrough、John Lott Jr. 及 Richard McKenzie，他們和我

在貿易議題上的討論，使我受益良多。

摩托羅拉（Motorola）的Eric Schuster，默克的Simon Bonita、Takehiko Hayakawa與Noel Howard，孟山都（Monsanto）的Hendrik Verfaille及Scott Koehne曾和我談論他們的公司，給予我很多幫助。

我想感謝Steve Goodman讓我了解零售業，以及史夫・費曼（Zev Fredman）持續研究法蘭克・辛納屈（Frank Sinatra）的歌曲，這使得我多了一些素材。

我很感謝Stephen Dietrich在本書初版時的編輯努力與信念，還有Sally Denlow在最開始時就以無窮的精力與熱情來催生此書。也要感謝Prentice Hall出版社的Rod Banister的鼓勵和協助編輯此一修訂版。Prentice Hall蒐集了對於第一版的諸多評論，以作為修訂版之定位參考。很感謝以下評論者給予的建議：芝加哥大學的Allen R. Sanderson，南伊利諾大學的Thomas Mitchell，喬治華盛頓大學的Steven Suranovic，密蘇里─哥倫比亞大學的Peter Mueser，以及中阿肯色（Central Arkansas）大學的Joseph P. McGarrity，麻州大學安默斯特分校（University of Massachusetts–Amherst）的Anthony J. Guglielmi，聖塔克拉拉大學（Santa Clara University）的Matthew Brown，福特漢姆大學（Fordham University）的Jonathan Crystal，北德州大學的Michael A. McPherson，哈特福大學（University of Hartford）的Farhad

Rassekh，尤其是北卡羅萊納州立大學的Michael McElroy。

Thomas Egan、Rob Freund和Catherine Bradford與Marc Law為早期的版本提供研究上的支援。

我的家人、許多朋友與同事，都給予我支持以及對修訂手稿有用的建議，我要感謝Andy Akin、Marci Armstrong、Catherine Bradford、Denise Dill、Jennifer Chilton、Steve Goodman、Ron Jones、Michael Levin、Pat Masidonski、Gary Miller、Stephen Moss、Lisa and Randy Harris、Joe and Jennifer Roberts、Gregg Rotenberg、Phyllis Shapiro、Murray Weidenbaum與Michael Wolkoff的幫忙。我也要感謝密西根大學的Alan Deardorff、密蘇里大學的Don Schilling、聖路易大學的Pat Welch、Crossroads School的Judy Ware，還有他們的學生們，他們使用過的早期手稿，並給我許多有用的建議。

特別要感謝史夫．費曼（Zev Fredman）和伯弗．許克（Bevis Schock），還有我的父母莎莉和泰德．羅伯茲（Shirley and Ted Roberts）數次閱讀早期版本的手稿，都提出極佳的回饋意見。

我也要感謝莫利．魏登榜（Murray Weidenbaum）對於修訂版稿件的意見，也要感謝Don Boudreaux對於修訂版的真知灼見，以及對於如何有效傳遞經濟觀念的無數次討論。

我要謝謝我的太太莎朗（Sharon）對於每一次手稿提出相當多寶貴建議，不屈不撓的支持，並且容忍我在電腦前花掉無數時光。對於這本書中想捕捉的意念，她可說是永恆的「共鳴板」。沒有她，這本書即使成功也沒有意義。

我在撰寫本書初版時，我們夫妻只有一個孩子。如今我們何幸擁有四名子女。希望我的孩子面對的是一個擁有表達自由的世界，這樣，李嘉圖應該也會感到驕傲吧。

經濟新潮社 〈經濟趨勢系列〉

書號	書名	作者	定價
QC1062	**平等與效率**：最基礎的一堂政治經濟學（40週年紀念增訂版）	亞瑟・歐肯	320
QC1063	**我如何在股市賺到200萬美元**（經典紀念版）	尼可拉斯・達華斯	320
QC1064	**看得見與看不見的經濟效應**：為什麼政府常犯錯、百姓常遭殃？人人都該知道的經濟真相	弗雷德里克・巴斯夏	320
QC1065	**GDP又不能吃**：結合生態學和經濟學，為不斷遭到破壞的環境，做出一點改變	艾瑞克・戴維森	350
QC1066	**百辯經濟學**：為娼妓、皮條客、毒販、吸毒者、誹謗者、偽造貨幣者、高利貸業者、為富不仁的資本家……這些「背德者」辯護	瓦特・布拉克	380
QC1067	**個體經濟學 入門的入門**：看圖就懂！10堂課了解最基本的經濟觀念	坂井豐貴	320
QC1068	**哈佛商學院最受歡迎的7堂總體經濟課**	大衛・莫斯	350
QC1069	**貿易戰爭**：誰獲利？誰受害？解開自由貿易與保護主義的難解之謎	羅素・羅伯茲	340

經濟新潮社　〈經濟趨勢系列〉

書號	書名	作者	定價
QC1004X	**愛上經濟**：一個談經濟學的愛情故事	羅素・羅伯茲	280
QC1014X	**一課經濟學**（50週年紀念版）	亨利・赫茲利特	320
QC1016X	**致命的均衡**：哈佛經濟學家推理系列	馬歇爾・傑逢斯	300
QC1017	**經濟大師談市場**	詹姆斯・多蒂、德威特・李	600
QC1019X	**邊際謀殺**：哈佛經濟學家推理系列	馬歇爾・傑逢斯	300
QC1020X	**奪命曲線**：哈佛經濟學家推理系列	馬歇爾・傑逢斯	300
QC1026C	**選擇的自由**	米爾頓・傅利曼	500
QC1027X	**洗錢**	橘玲	380
QC1034	**通膨、美元、貨幣的一課經濟學**	亨利・赫茲利特	280
QC1036X	**1929年大崩盤**	約翰・高伯瑞	380
QC1039	**贏家的詛咒**：不理性的行為，如何影響決策（2017年諾貝爾經濟學獎得主作品）	理查・塞勒	450
QC1040	**價格的祕密**	羅素・羅伯茲	320
QC1043	**大到不能倒**：金融海嘯內幕真相始末	安德魯・羅斯・索爾金	650
QC1044	**你的錢，為什麼變薄了？**：通貨膨脹的真相	莫瑞・羅斯巴德	300
QC1048	**搶救亞當斯密**：一場財富與道德的思辯之旅	強納森・懷特	360
QC1051	**公平賽局**：經濟學家與女兒互談經濟學、價值，以及人生意義	史帝文・藍思博	320
QC1052	**生個孩子吧**：一個經濟學家的真誠建議	布萊恩・卡普蘭	290
QC1055	**預測工程師的遊戲**：如何應用賽局理論，預測未來，做出最佳決策	布魯斯・布恩諾・德・梅斯奎塔	390
QC1057	**父母老了，我也老了**：如何陪父母好好度過人生下半場	米利安・阿蘭森、瑪賽拉・巴克・維納	350
QC1059	**如何設計市場機制？**：從學生選校、相親配對、拍賣競標，了解最新的實用經濟學	坂井豐貴	320
QC1060	**肯恩斯城邦**：穿越時空的經濟學之旅	林睿奇	320
QC1061	**避稅天堂**	橘玲	380

書　號	書　　　名	作　　者	定價
QB1140	**策略選擇**：掌握解決問題的過程，面對複雜多變的挑戰	馬丁・瑞夫斯、納特・漢拿斯、詹美賈亞・辛哈	480
QB1141	**別怕跟老狐狸説話**：簡單說、認真聽，學會和你不喜歡的人打交道	堀紘一	320
QB1143	**比賽，從心開始**：如何建立自信、發揮潛力，學習任何技能的經典方法	提摩西・高威	330
QB1144	**智慧工廠**：迎戰資訊科技變革，工廠管理的轉型策略	清威人	420
QB1145	**你的大腦決定你是誰**：從腦科學、行為經濟學、心理學，了解影響與說服他人的關鍵因素	塔莉・沙羅特	380
QB1146	**如何成為有錢人**：富裕人生的心靈智慧	和田裕美	320
QB1147	**用數字做決策的思考術**：從選擇伴侶到解讀財報，會跑Excel，也要學會用數據分析做更好的決定	GLOBIS商學院著、鈴木健一執筆	450
QB1148	**向上管理・向下管理**：埋頭苦幹沒人理，出人頭地有策略，承上啟下、左右逢源的職場聖典	蘿貝塔・勤斯基・瑪圖森	380
QB1149	**企業改造（修訂版）**：組織轉型的管理解謎，改革現場的教戰手冊	三枝匡	550
QB1150	**自律就是自由**：輕鬆取巧純屬謊言，唯有紀律才是王道	喬可・威林克	380
QB1151	**高績效教練**：有效帶人、激發潛力的教練原理與實務（25週年紀念增訂版）	約翰・惠特默爵士	480
QB1152	**科技選擇**：如何善用新科技提升人類，而不是淘汰人類？	費維克・華德瓦、亞歷克斯・沙基佛	380
QB1153	**自駕車革命**：改變人類生活、顛覆社會樣貌的科技創新	霍德・利普森、梅爾芭・柯曼	480
QB1154	**U型理論精要**：從「我」到「我們」的系統思考，個人修練、組織轉型的學習之旅	奧圖・夏默	450
QB1155	**議題思考**：用單純的心面對複雜問題，交出有價值的成果，看穿表象、找到本質的知識生產術	安宅和人	360
QB1156	**豐田物語**：最強的經營，就是培育出「自己思考、自己行動」的人才	野地秩嘉	480

經濟新潮社　〈經營管理系列〉

書　號	書　　名	作　　者	定價
QB1119	**好主管一定要懂的2×3教練法則：**每天2次，每次溝通3分鐘，員工個個變人才	伊藤守	280
QB1120	**Peopleware：**腦力密集產業的人才管理之道（增訂版）	湯姆．狄馬克、提摩西．李斯特	420
QB1121	**創意，從無到有**（中英對照×創意插圖）	楊傑美	280
QB1122	**漲價的技術：**提升產品價值，大膽漲價，才是生存之道	辻井啟作	320
QB1123	**從自己做起，我就是力量：**善用「當責」新哲學，重新定義你的生活態度	羅傑．康納斯、湯姆．史密斯	280
QB1124	**人工智慧的未來：**揭露人類思維的奧祕	雷．庫茲威爾	500
QB1125	**超高齡社會的消費行為學：**掌握中高齡族群心理，洞察銀髮市場新趨勢	村田裕之	360
QB1126	**【戴明管理經典】轉危為安：**管理十四要點的實踐	愛德華．戴明	680
QB1127	**【戴明管理經典】新經濟學：**產、官、學一體適用，回歸人性的經營哲學	愛德華．戴明	450
QB1129	**系統思考：**克服盲點、面對複雜性、見樹又見林的整體思考	唐內拉．梅多斯	450
QB1131	**了解人工智慧的第一本書：**機器人和人工智慧能否取代人類？	松尾豐	360
QB1132	**本田宗一郎自傳：**奔馳的夢想，我的夢想	本田宗一郎	350
QB1133	**BCG頂尖人才培育術：**外商顧問公司讓人才發揮潛力、持續成長的祕密	木村亮示、木山聰	360
QB1134	**馬自達Mazda技術魂：**駕馭的感動，奔馳的祕密	宮本喜一	380
QB1135	**僕人的領導思維：**建立關係、堅持理念、與人性關懷的藝術	麥克斯．帝普雷	300
QB1136	**建立當責文化：**從思考、行動到成果，激發員工主動改變的領導流程	羅傑．康納斯、湯姆．史密斯	380
QB1137	**黑天鵝經營學：**顛覆常識，破解商業世界的異常成功個案	井上達彥	420
QB1138	**超好賣的文案銷售術：**洞悉消費心理，業務行銷、社群小編、網路寫手必備的銷售寫作指南	安迪．麥斯蘭	320
QB1139	**我懂了！專案管理**（2017年新增訂版）	約瑟夫．希格尼	380

經濟新潮社　〈經營管理系列〉

書　號	書　　　名	作　　者	定價
QB1094	**開放式領導：**分享、參與、互動——從辦公室到塗鴉牆，善用社群的新思維	李夏琳	380
QB1095X	**華頓商學院的高效談判學（經典紀念版）：**讓你成為最好的談判者！	理查・謝爾	430
QB1098	**CURATION 策展的時代：**「串聯」的資訊革命已經開始！	佐佐木俊尚	330
QB1100	**Facilitation 引導學：**創造場域、高效溝通、討論架構化、形成共識，21世紀最重要的專業能力！	堀公俊	350
QB1101	**體驗經濟時代**（10週年修訂版）：人們正在追尋更多意義，更多感受	約瑟夫・派恩、詹姆斯・吉爾摩	420
QB1102X	**最極致的服務最賺錢：**麗池卡登、寶格麗、迪士尼都知道，服務要有人情味，讓顧客有回家的感覺	李奧納多・英格雷利、麥卡・所羅門	350
QB1103	**輕鬆成交，業務一定要會的提問技術**	保羅・雀瑞	280
QB1105	**CQ 文化智商：**全球化的人生、跨文化的職場——在地球村生活與工作的關鍵能力	大衛・湯瑪斯、克爾・印可森	360
QB1107	**當責，從停止抱怨開始：**克服被害者心態，才能交出成果、達成目標！	羅傑・康納斯、湯瑪斯・史密斯、克雷格・希克曼	380
QB1108	**增強你的意志力：**教你實現目標、抗拒誘惑的成功心理學	羅伊・鮑梅斯特、約翰・堤爾尼	350
QB1109	**Big Data 大數據的獲利模式：**圖解・案例・策略・實戰	城田真琴	360
QB1110	**華頓商學院教你活用數字做決策**	理查・蘭柏特	320
QB1111C	**V 型復甦的經營：**只用二年，徹底改造一家公司！	三枝匡	500
QB1112	**如何衡量萬事萬物：**大數據時代，做好量化決策、分析的有效方法	道格拉斯・哈伯德	480
QB1114	**永不放棄：**我如何打造麥當勞王國	雷・克洛克、羅伯特・安德森	350
QB1115	**工程、設計與人性：**為什麼成功的設計，都是從失敗開始？	亨利・波卓斯基	400
QB1117	**改變世界的九大演算法：**讓今日電腦無所不能的最強概念	約翰・麥考米克	360

經濟新潮社 〈經營管理系列〉

書號	書名	作者	定價
QB1051X	**從需求到設計**：如何設計出客戶想要的產品（十週年紀念版）	唐納德・高斯、傑拉爾德・溫伯格	580
QB1052C	**金字塔原理**：思考、寫作、解決問題的邏輯方法	芭芭拉・明托	480
QB1053X	**圖解豐田生產方式**	豐田生產方式研究會	300
QB1055X	**感動力**	平野秀典	250
QB1058	**溫伯格的軟體管理學**：第一級評量（第2卷）	傑拉爾德・溫伯格	800
QB1059C	**金字塔原理Ⅱ**：培養思考、寫作能力之自主訓練寶典	芭芭拉・明托	450
QB1061	**定價思考術**	拉斐・穆罕默德	320
QB1062X	**發現問題的思考術**	齋藤嘉則	450
QB1063	**溫伯格的軟體管理學**：關照全局的管理作為（第3卷）	傑拉爾德・溫伯格	650
QB1069	**領導者，該想什麼？**：成為一個真正解決問題的領導者	傑拉爾德・溫伯格	380
QB1070X	**你想通了嗎？**：解決問題之前，你該思考的6件事	唐納德・高斯、傑拉爾德・溫伯格	320
QB1071X	**假說思考**：培養邊做邊學的能力，讓你迅速解決問題	內田和成	360
QB1075X	**學會圖解的第一本書**：整理思緒、解決問題的20堂課	久恆啟一	360
QB1076X	**策略思考**：建立自我獨特的insight，讓你發現前所未見的策略模式	御立尚資	360
QB1080	**從負責到當責**：我還能做些什麼，把事情做對、做好？	羅傑・康納斯、湯姆・史密斯	380
QB1082X	**論點思考**：找到問題的源頭，才能解決正確的問題	內田和成	360
QB1083	**給設計以靈魂**：當現代設計遇見傳統工藝	喜多俊之	350
QB1084	**關懷的力量**	米爾頓・梅洛夫	250
QB1089	**做生意，要快狠準**：讓你秒殺成交的完美提案	馬克・喬那	280
QB1091	**溫伯格的軟體管理學**：擁抱變革（第4卷）	傑拉爾德・溫伯格	980
QB1092	**改造會議的技術**	宇井克己	280
QB1093	**放膽做決策**：一個經理人1000天的策略物語	三枝匡	350

國家圖書館出版品預行編目資料

貿易戰爭：誰獲利？誰受害？解開自由貿易與保護主義的難解之謎／羅素．羅伯茲（Russell Roberts）著；江麗美、劉琳娜、欒曄譯. -- 二版. -- 臺北市：經濟新潮社出版：家庭傳媒城邦分公司發行, 2019.08

面；　公分. --（經濟趨勢；69）

譯自：The choice: a fable of free trade and protectionism, 3rd ed.

ISBN 978-986-97836-2-0（平裝）

1. 自由貿易　2. 國際貿易保護

558.15　　108012204